Knaur
MensSana

*Über die Autorin:*

Donna Leslie Thomson, geboren 1948 in Kanada, praktiziert seit über 30 Jahren Meditation. Sie hat viele Jahre als Familien- und Einzeltherapeutin (u. a. Hypnotherapie und systemische Familientherapie) gearbeitet, bietet heute »Bewusstseinssitzungen« in den USA und Europa an und veranstaltet auch im deutschsprachigen Raum Seminare. Sie lebt in Santa Fe/New Mexico.

Donna Leslie Thomson

# Mehr Energie!

## Innere Kräfte aktivieren und wirkungsvoll nutzen

Übersetzt aus dem Amerikanischen
von Sabine Bends

Knaur
MensSana

*Dieses Buch ist dem Frieden und dem Glück aller Wesen auf der ganzen Welt gewidmet.*

Besuchen Sie uns im Internet: www.droemer-knaur.de
Alle Titel aus dem Bereich MensSana finden Sie im Internet unter
www.knaur-mens-sana.de

Originalausgabe Januar 2005


Umschlaggestaltung: ZERO Werbeagentur, München
Umschlagabbildung: Maurizius
Satz: Pinkuin Satz und Datentechnik, Berlin
Druck und Bindung: Clausen & Bosse, Leck
Printed in Germany
ISBN 3-426-87239-0

2 4 5 3 1

# Inhalt

# Verzeichnis der Übungen und Meditationen

# Einleitung

Der Inhalt dieses Buches beruht auf ein paar einfachen Grundgedanken:

1. Das Wichtigste, was Sie für Ihre körperliche und seelische Gesundheit tun können, ist, auf Ihre eigene Energie Acht zu geben, ein besseres Verständnis von ihr zu bekommen und an ihr zu arbeiten, um sie zu erhalten und effektiv einzusetzen.

2. Ihr Verstand beeinflusst Ihre Energie. Durch die Kraft Ihrer Gedanken können Sie Ihr persönliches Energieniveau erhöhen. Die Meditationen und Visualisierungsübungen sowie die Übungen zur Aktivierung Ihrer Vorstellungskraft in diesem Buch sollen Ihnen genau dabei helfen.

3. Ihre Zeit ist knapp bemessen. Sie haben wahrscheinlich keine Lust auf ein weiteres erfolgversprechendes Programm, das Sie regelmäßig ausführen müssen, eine Woche lang, einen Monat lang oder sogar noch länger. Die Übungen in diesem Buch kann jeder in seinem eigenen Tempo durchführen. Sie sind so gestaltet, dass Sie sie immer dann machen können, wenn Ihnen danach zumute ist. Viele der Übungen dauern nur wenige Minuten und können fast überall und zu jedem Zeitpunkt ausgeführt werden.

4. Jeder Mensch hat Energie, weil jeder Mensch aus Energie besteht. Das Kapitel »Ich bin Energie« soll Ihnen diese Erfahrung auf praktische Weise näher bringen. Manche Leute sagen von sich, dass sie nicht genug Energie haben. Sobald wir uns selbst und die Welt um uns herum aber als Energie begreifen, können wir so etwas nicht länger behaupten. Wenn Sie von dem Gedanken des Habens bzw. Nicht-Habens Abstand nehmen, öffnen Sie Tür und Tor für Energie im Überfluss. Falls Sie schon seit längerem unter dem Gefühl des chronischen Energiemangels leiden und den Eindruck haben, Sie hätten nicht einmal genügend Energie, um die Übungen in diesem Buch zu machen, dann sollten Sie als Erstes das Kapitel »Den Teufelskreis durchbrechen« lesen.

*Jeder Mensch besteht aus Energie*

5. Es gibt keine Formel, die für jeden und zu jeder Zeit funktioniert. Jeder Mensch ist einzigartig, und was dem einen hilft, ist für den anderen noch lange nicht gut. Was Ihnen an einem Tag hilft, nützt Ihnen vielleicht schon am nächsten nichts. Was Menschen vor 2000 Jahren half, muss heute nicht unbedingt funktionieren. Die Meditationen, Visualisierungen und Übungen zur Aktivierung der Vorstellungskraft in diesem Buch basieren sowohl auf vielen spirituellen, metaphysischen und psychotherapeutischen Traditionen als auch auf Erfahrungen aus meiner eigenen heilerischen Tätigkeit. Sie können sich jeden Tag eine passende Übung aussuchen. Lesen Sie zunächst das ganze Buch einmal durch, und entscheiden Sie dann, mit welchen Übungen Sie beginnen wollen. Oder

lesen Sie die Kapitel zuerst, von denen Sie sich am meisten angesprochen fühlen. Falls Sie das Buch von Anfang an Seite für Seite durcharbeiten, werden Sie bemerken, dass die Reihenfolge der Übungen Sie beim stetigen Aufbau Ihrer Fähigkeit unterstützt, an Ihrer eigenen Energie zu arbeiten. Die ersten Übungen helfen Ihnen dabei, Ihre Energie zu bewahren, zu erhalten, sie zu beruhigen, sie mit Ihrem Atem zu nähren, zu reinigen, wiederaufzuladen und zu schützen. Dann folgen Übungen zur Arbeit mit der Energie anderer Menschen in schwierigen Situationen. Dies sind Übungen, die Ihnen helfen, mehr Bewusstheit zu entwickeln, Sie darin unterstützen, die Kraft der Wahl zu erfahren, und es Ihnen erleichtern, Ihre Gedankenmuster zu verändern. Sie legen den Grundstein zur Klärung alter Muster, die den freien Fluss Ihrer Energie behindern. Abschließend folgen einige Meditationen, die Ihnen helfen werden, sich mit den positiven nährenden Energien in Ihrem Inneren, in der Welt und dem ganzen Universum zu verbinden.

Spielen Sie mit den Übungen, während Sie sie lesen! Experimentieren Sie mit ihnen. Machen Sie die Übungen dann, wenn Sie sie brauchen. Sobald etwas zu einem Schema, einer bestimmten Methode, einer Routine wird, ist es festgelegt. Sobald es festgelegt ist, verliert es an Energie. Energie ist Veränderung, Bewegung, Fluss und Flexibilität. Machen Sie die Meditationen ganz nach Belieben, aber machen Sie sie bitte nicht zu einem festen Programm, zu einem »Muss«.

6. Unsere Vorstellungskraft ist ein machtvolles Instrument der Veränderung. Wir verlieren in unserer heutigen Welt enorme Mengen an Energie, indem wir uns vor unserer eigenen Vorstellungskraft verschließen, indem wir diese Kraft ausschließlich für »produktive« Zwecke nutzen, indem wir Visionen und Träume auf »Tagträume« reduzieren. Die Meditationen in diesem Buch sollen auch die Vorstellungskraft wieder zum Leben erwecken, um die Energie wachzurütteln, die in unserer unterdrückten Vorstellungskraft schlummert. Viele Arten der traditionellen Meditation, ganz zu schweigen von den herkömmlichen Methoden der Kindererziehung, leiten die Menschen dazu an, ihre Fantasie zu unterdrücken. Sie werden ermahnt, ihren Gedanken nicht freien Lauf zu lassen und bei der Sache zu bleiben – sei es bei der Lösung einer Mathematikaufgabe oder einer spirituellen Übung. Die Gedanken aber wollen umherschweifen. Wird ihnen das gewährt, dann wird mit einem bisschen Führung und nur wenig Kalkül eine ungeheure Menge an Energie freigesetzt. Sie geben uns Visionen ein und verleihen uns die Energie, diese Visionen mit Leben zu erfüllen. Daher werden wir uns nun gemeinsam auf eine Gedankenreise begeben – in die unsichtbare und unbekannte Welt unserer Gedanken. Dieses Buch ist eine Landkarte und führt Sie gleichzeitig an das Ende der Landkarte. Dahinter beginnt Ihre eigene, Ihre ureigene, unvergleichliche Reise.

*Die Vorstellungskraft wieder zum Leben erwecken*

7. Die in diesem Buch angebotenen Meditationen sollen Sie nicht von sich selbst weg in eine andere Realität führen. Sie sind dazu gedacht, Sie Ihrem Selbst und Ihrem Leben näher zu bringen. Sie sollen Ihnen dabei helfen, in dieser erstaunlich komplexen, wundervollen und zuweilen auch beängstigenden Welt zu überleben. Sie sind Hilfsmittel, die Sie darin unterstützen sollen, die geheimnisvollste aller Strukturen aufzubauen: ein bewusstes Selbst. Dieses Selbst ist mehr als das Produkt der Kräfte aus unserer Vergangenheit, mehr als unsere Prägung durch Elternhaus, Vorfahren, Gesellschaft und Gewohnheiten. Es ist ein Selbst, das wir erschaffen, indem wir mit jenen alten Kräften zusammenarbeiten, denn wir können die Vergangenheit, unsere eigene Geschichte, nicht verleugnen oder gar auslöschen. Aber wir können mit ihrer Hilfe an uns selbst arbeiten, sie für unsere bewussten Entscheidungen nutzen und so unser Selbst zum Leben erwecken. Auch hier gilt: Um etwas zum Leben zu erwecken, brauchen wir Energie. Mit den Meditationen in diesem Buch können Sie einen besseren Zugang zur universellen Lebensenergie gewinnen und so zur Erweckung Ihres eigenen Selbst beitragen.

*Zugang zur universellen Lebensenergie finden*

Hier geht es nicht um die Definition von Energie oder um das Verständnis von Energie unter abstrakten und wissenschaftlichen Gesichtspunkten. Es gibt unzählige Bücher, in denen Sie etwas über die Beschaffenheit von Energie erfahren können. Sie können sowohl von spirituellen Lehrern als auch von modernen Physikern etwas über das Wesen der Energie lernen. Aber im Grunde ist Energie eines der Phänomene auf dieser Welt, die man am einfachsten an sich selbst erleben kann. Wir wissen, wann wir darüber verfügen und wann nicht. Wir wissen, wann Energie fließt und wann nicht. Das ist die Art von Energie, von der dieses Buch handelt: die Energie, von der die meisten Menschen heute nicht genug zu haben scheinen; die Lebensenergie, die wir in uns spüren, wenn wir uns langsam von einer Krankheit erholen, die wir nach dem Sport wahrnehmen oder wenn wir verliebt sind, oder immer dann, wenn wir ganz in dem aufgehen, was wir tun. Dieses Buch handelt davon, wie wir mehr von der Energie zur Verfügung haben können, die wir alle brauchen, um zu erreichen, was wir uns vorgenommen haben, und um das Leben zu führen, das wir leben wollen. Insofern hat das Buch eine rein praktische Ausrichtung. Buddha sagte einst: »Wenn du einen Mann triffst, der von einem Pfeil getroffen wurde, verwendest du keine Zeit darauf zu diskutieren, wie der Pfeil dort hingelangt ist oder was für eine Art von Pfeil es ist. Du ziehst den Pfeil heraus und versorgst die Wunde.« Also, was auch immer Sie daran hindert, den freien Fluss und Ausdruck Ihrer eigenen Energie zu erfahren, dieses Buch hilft Ihnen dabei, Ihre Blockaden zu lösen.

Da wir uns in unserer modernen Welt einem zunehmend stärkeren Stress ausgesetzt sehen, ist es ein wichtiger Schritt, Meditation – wie etwa die Übungen in diesem Buch – nicht als Luxus zu betrachten. Wir alle brauchen innere Stärke, Frieden, ein hohes Bewusstsein und ausreichend Energie, um uns im heutigen Leben zurechtzufinden. Paula Underwood, eine amerikanische

Ureinwohnerin, deren Bekanntschaft ich machen durfte, sagt: »Alles ist miteinander verbunden. Die Fäden des Großen Netzes der Spinnenfrau verbinden uns alle … Berührst du *einen* Punkt im Netz, dann berührst du auch alle anderen.« Das bedeutet, dass Zuwendung, Aufmerksamkeit und Verständnis für uns selbst auch eine Auswirkung nach außen haben. Je mehr wir lernen, mit unserer Energie umzugehen, sie zu verstehen, sie zu bewahren und wirkungsvoll zu nutzen, je mehr wir lernen, uns unserer selbst bewusst zu sein, umso mehr Frieden erschaffen wir in unserem Leben und in unserer unmittelbaren Umgebung. Wenn wir uns selbst heilen, dann heilen wir auch die Erde und weben das Netz des Lebens neu.

*Eigene Energie erhalten und effektiv nutzen*

In diesem Sinne geht es in diesem Buch um das Herausziehen von Pfeilen und das Neuweben des Netzes. Mögen Sie die Schönheit und Fülle Ihrer eigenen Energie und die Kostbarkeit allen Lebens erfahren. Mögen Sie Ihre eigene Kraft spüren und möge sie bewirken, dass Frieden, Fülle, Freude und Liebe in Ihr Leben und in das Ihrer Mitmenschen einkehren.

*Ihre*
*Donna Leslie Thomson*

# Einige Worte zum Thema »Meditation«

Die mentalen Übungen in diesem Buch greifen auf eine Vielzahl von Meditationen, Visualisierungen und Techniken zur Aktivierung der Vorstellungskraft zurück. Viele Menschen fühlen sich in Bezug auf die Meditation blockiert. Sie glauben, nicht meditieren zu können. Sollten Sie auch zu diesen Menschen gehören, dann lassen Sie sich bitte von dem Wort »Meditation« nicht einschüchtern. Es werden einige falsche Vorstellungen mit dem Begriff »Meditation« verbunden, die vielen Menschen den Zugang dazu erschweren.

*Falsche Vorstellungen von Meditation*

VORSTELLUNG NR. 1: Man muss diszipliniert sein, um zu meditieren. Man sollte jeden Tag meditieren, und das immer eine bestimmte Zeit lang. Man muss dabei auf eine bestimmte Art und Weise sitzen. Man sollte sich für eine Technik entscheiden und dann dabei bleiben. Für einige Menschen funktioniert dieser Ansatz gut. Wenn dem so sein sollte, dann ist das ausgezeichnet.
Aber wenn dem nicht so ist, bedeutet das nicht, dass Meditation nichts für Sie ist. Wir Menschen führen heutzutage ein hektisches Leben, und das Tempo steigert sich mehr und mehr. Für all diejenigen mit Familie, einem Fulltimejob und einem ständig vollen Terminkalender kann schon eine halbe Stunde Meditation am Tag zu viel sein. Und gerade diese Menschen könnten

die Extraportion Energie gebrauchen, die ihnen die Meditation geben kann!
Sie können die Meditation in Ihren Tagesablauf einbauen, einen Augenblick lang hier, einen kurzen Moment da. An Ihrem Schreibtisch, zwischen zwei Besorgungen, in der Warteschlange am Bankschalter. Schließen Sie die Augen, konzentrieren Sie sich auf Ihren Atem und machen Sie irgendeine der Übungen aus diesem Buch. Öffnen Sie die Augen wieder, und es wird sich anfühlen, als seien Sie frisch gebadet, als hätten Sie ein kühles, erfrischendes Getränk an einem heißen Tag zu sich genommen oder eine kleine Reise auf eine andere Ebene Ihres Seins unternommen. »Meditationszeit« ist von anderer Qualität als »Echtzeit«. Nur wenige Sekunden lang zu meditieren kann Ihnen ebenso viel Energie geben wie eine Nacht Schlaf oder für kurze Zeit auch eine Tasse Kaffee. Es kann hilfreich sein, bestimmte Zeiten des Rückzugs festzulegen, einen Nachmittag, einen Tag oder eine Woche, in der Sie nichts anderes tun, als sich auszuruhen und sich zu besinnen, aber das ist gar nicht unbedingt nötig.
Wir leben in einer Welt der Zerstückelung, unsere Tage sind oft zerrissen und verlaufen chaotisch. Die Spannen der Aufmerksamkeit sind kurz. Anstatt gegen diesen Zustand anzukämpfen, bekommen wir mehr Energie und sind weniger angespannt, wenn wir ihn einfach akzeptieren. Man kann innerhalb weniger Sekunden in einen meditativen Zustand eintreten und ihn auch wieder verlassen.

Dies führt uns zu VORSTELLUNG NR. 2: Der Zustand der Ruhe und des Friedens, den man zuweilen in der Meditation erlebt, sollte zu einem beständigen Phänomen werden, und – nicht nur das – man sollte ihn auch den ganzen verbleibenden Tag über aufrechterhalten können. Wer meditiert, schreit niemals seine Kinder oder seinen Partner an, ist niemals sauer auf seinen Chef. Wenn dies aber trotzdem passiert, dann stimmt irgendetwas nicht mit der Meditation, oder die Meditation ist nichts für einen und der Mühe nicht wert.

Das ist, als würde man denken, weil man ja doch wieder Hunger bekommt, lohne es sich erst gar nicht zu essen. Tag und Nacht erleben wir ständige Veränderungen in unserem Bewusstsein. Wenn wir versuchen, die schönen Momente festzuhalten, und die schmerzhaften oder weniger angenehmen nicht wahrhaben wollen, dann kann das nur dazu führen, dass wir uns angespannt und voller Sorgen selbst verurteilen und einfach insgesamt unglücklich sind. Wenn Sie meditieren, werden Sie mit einem zunehmend geerdeten, zentrierten und erweiterten Bewusstseinszustand vertraut werden. Sie werden ihn nicht ständig aufrechterhalten können. Die Macht der alten Gewohnheiten unseres Verstandes ist groß, und immens sind auch die äußeren Einflüsse und die täglichen Anforderungen an uns. Einen Zustand des liebevollen Bewusstseins und der erhöhten Energie erst einmal erfahren zu haben, sich an ihn zu erinnern und um die Möglichkeit zu wissen, immer und immer wieder in diesen Zustand zurückkehren zu können – das ist das Schöne am Meditieren.

Vorstellung Nr. 3 hat etwas mit Vorstellung Nr. 2 zu tun: Der Sinn der Meditation besteht darin, den Verstand zu beruhigen. Deshalb ist es gar nicht gut, wenn einem viele Gedanken durch den Kopf gehen. Richtig zu meditieren bedeutet, einen klaren Kopf mit nur wenigen Gedanken zu haben.

Es gibt keine »falsche« Meditation. Sie können beim Meditieren nicht versagen. Natürlich ist es angenehm, einen heiteren, klaren Verstand zu erleben. Es ist wundervoll, Glückseligkeit und Frieden zu erfahren, einen Bewusstseinszustand jenseits aller Hektik und Anforderungen des Alltags. Auf diese Zustände wird in vielen spirituellen Traditionen, in denen Menschen meditieren, um Erleuchtung zu erlangen, großer Wert gelegt. Wenn Sie eine bestimmte Zeit lang meditieren, und dies besonders in einem traditionellen, spirituellen Umfeld, dann werden auch Sie diese Erfahrung machen. Allerdings gehen viele Menschen die Meditation wie eine Schlacht an, um einen bestimmten Geisteszustand zu erlangen. Dann wird Meditation zu einem Kampf mit Ihrem eigenen Verstand, mit Ihrem Mangel an Disziplin, kurzum mit Ihrem Ego und verkommt so zu einer weiteren Willensübung.

*Es gibt keine »falsche« Meditation*

Man braucht nicht viel Selbstdisziplin und Willenskraft, um seine Augen im Lauf des Tages immer mal wieder für ein paar Minuten zu schließen. Man muss nur daran denken. Sie selbst haben die freie Wahl, um diese Erfahrung geht es hier. Ich kann mich gestresst, unruhig, besorgt und erschöpft fühlen oder mir ein paar Minuten Zeit nehmen, um in einen anderen Bewusstseinszustand zu gelangen. Das hängt einzig und allein von mir

selbst ab! Wofür entscheide ich mich? Ich entscheide mich, ein paar Minuten lang zentriert, entspannt und ruhig zu werden. Bald darauf kann es sein, dass ich wieder beunruhigt und schlapp bin. Das ist okay. Ich habe mir eine Pause gegönnt, einen anderen Zustand erfahren. Ich habe meine Entscheidungsfähigkeit eingesetzt. Es ist wichtig, dass wir unser Augenmerk auf Veränderung richten, den Moment der einkehrenden Ruhe, statt uns an der Verzweiflung festzuhalten, die in uns aufsteigt, wenn wir in unseren gewöhnlichen Geistes- und Gemütszustand zurückkehren.
In jeder Meditation werden Sie eine Fülle von Gedanken, Gefühlen und Ablenkungen von der eigentlichen Praxis erleben. Dem sei so. Wenn die Meditation Ihnen die Erfahrung des Nicht-gegen-sich-selbst-Ankämpfens vermitteln kann, die Erfahrung der Akzeptanz dessen, was ist, zu jedem beliebigen Zeitpunkt ... dann haben Sie schon Energie dazugewonnen.
Wir verschwenden eine Menge Zeit im Kampf gegen uns selbst. Sie kennen sich doch selbst. Sie können die Meditationen ausfindig machen, die richtig für Sie sind. Für einige Menschen ist es wichtig, ihren Verstand gezielt auf etwas zu lenken, andere wiederum brauchen das Umherschweifen ihrer Gedanken. An manchen Tagen brauchen Sie vielleicht eine Meditation, die Ihnen hilft, sich zu konzentrieren, an anderen eine, die Ihren Gedanken freien Lauf lässt. Vertrauen Sie ganz auf sich selbst. Der Sinn dieses Buches besteht darin, Ihnen viele Möglichkeiten anzubieten und jede Menge Auswahl. Machen Sie sich erst einmal mit den Meditationen vertraut, und Sie werden nicht einmal mehr darüber nachdenken müssen. Die passende wird ihnen zum richtigen Zeitpunkt ganz von selbst in den Sinn kommen.

Zu vielen der in diesem Buch angeführten Übungen gehören Visualisierungen. Visualisierungsübungen werden von vielen Menschen abgetan als etwas, was sie nicht können, weil sie meinen, sich vor ihrem geistigen Auge nichts vorstellen zu können. Das ist die falsche VORSTELLUNG NR. 4: Visualisierung bedeutet nicht, dass Sie ein vollständiges, klares Bild von etwas im Kopf haben müssen. Sie können einen vagen Eindruck oder ein Gefühl von dem haben, was Sie sich vorstellen wollen. Oder Sie können sich einfach selbst erzählen, was passiert: »Ich umgebe mich mit Licht«, und spüren, dass es geschieht. Zu visualisieren heißt, innerlich zu empfinden, in Ihrem Bewusstsein Wirklichkeit werden zu lassen, was Sie in Ihrem täglichen Leben erfahren wollen. Sie können dies mit Bildern, Worten oder Gefühlen tun.

Meditation ist etwas, was Sie tun können, wenn Sie Ihr Leben und Ihr Wachstum unterstützen wollen, wenn Sie Freude erfahren und Ihre Energie vergrößern wollen. Sie kann Ihnen die Tür zu einer neuen Dimension in Ihrem Inneren öffnen, zu einem neuen Weg, das Universum wahrzunehmen, einer neuen Verbindung zu allem, was ist, und zu einer Energiequelle, die nie versiegt.

Hier nun eine einfache Meditationstechnik, die die Grundlage für viele der in den folgenden Kapiteln beschriebenen Methoden bildet. Sie heißt einfach *»Dem Atem folgen«*.

*Setzen Sie sich ruhig und bequem hin oder legen Sie sich hin, wenn Ihnen das lieber ist. Schließen Sie die Augen und werden Sie sich Ihres Atems bewusst.*

*Versuchen Sie nicht, ihn zu beeinflussen. Nehmen Sie ihn einfach nur wahr. Folgen Sie ihm in Gedanken, spüren Sie, wie er sich in Ihren Körper und wieder aus ihm heraus bewegt. Nehmen Sie das Einatmen und das Ausatmen bewusst wahr. Konzentrieren Sie Ihre ganze Aufmerksamkeit auf Ihren Atem, lassen Sie Ihre Gedanken, Ihre Gefühle, die Anspannung des Tages, einfach alles von Ihrem Atem davontragen und sich in ihm auflösen. Wenn Ihre Gedanken abschweifen und Sie daran denken, was Sie als Nächstes tun könnten oder müssen, dann lenken Sie Ihre Aufmerksamkeit einfach ganz sanft wieder zu Ihrem Atem zurück. Das ist alles.*

Dem Atem folgen – eine einfache Meditationstechnik

*Machen Sie das eine Minute, eine halbe Stunde oder den ganzen Tag lang. Strengen Sie sich dabei nicht an, verkrampfen Sie sich nicht, wenn Sie Ihren Atem spüren. Entspannen Sie sich einfach. Genießen Sie das Geschenk Ihres eigenen Atems und die Energie, die er Ihnen bringt.*

# Mit Licht arbeiten

In vielen der Meditationen, die wir gemeinsam machen werden, arbeiten wir mit Licht. Licht ist Energie. Denken Sie einmal an die verschiedenen Arten von Licht, die Sie kennen. Im Herbst entsteht ein bestimmtes Licht am späten Nachmittag, ein weiches goldenes Licht, voller Frieden. Und da ist das Licht der Dämmerung, das lavendelfarbene Rosé des Himmels bei Sonnenaufgang. Das Mittagslicht ist hell und strahlend. Manchmal scheint das Tageslicht durch ein Fenster auf eine Weise, die uns einen Moment des Staunens erleben lässt, wenn wir es sehen, die uns eine Verbindung mit etwas Größerem als uns selbst erahnen lässt. Die Sterne am weiten Nachthimmel erwecken ebenfalls unser Staunen, vermitteln uns das Gefühl der Präsenz. Ein Regenbogen strahlt Hoffnung und Verheißung aus. Das Sonnenlicht wird durch die grünen Blätter der Bäume gefiltert. Wenn man im Frühjahr unter einem Baum liegt, kann man spüren, wie man von diesem Licht berührt und geheilt wird.

*Licht als sichtbare Form der universellen Lebensenergie*

In der Meditation steht das Licht für die Heilenergie, die schöpferische Lebenskraft. Gott blickt in der Bibel über die dunkle Leere und sagt: »Es werde Licht!« Aus diesem Licht entsteht die gesamte Schöpfung. Licht ist eine sichtbare, spürbare Form der Energie, die uns umgibt, aus der wir geschaffen werden. In dem Maße, in dem wir mit Licht arbeiten, es visualisieren, es uns vorstellen, in dem Maße verbinden wir uns bewusst mit dieser schöpferischen Kraft.

Das menschliche Leben ist ein Tanz von Licht und Schatten, von Sonnenschein und Regen, von Schöpfung und Zerstörung. Ich möchte das Licht hier nicht als eine Waffe gegen die Dunkelheit darstellen. Das Licht, von dem ich spreche, erhellt und umfasst das Gute wie das Schlechte, unsere Schwächen wie unsere Stärken, die positiven und die negativen Zustände unseres Seins. Es verleugnet nicht den Ärger, die Sorgen, die Angst oder den Schmerz. Das, was wir »das Dunkle« nennen, hat seine eigene Kraft. Der Nachthimmel, die Höhle des Eremiten, der Mutterleib: Die Dunkelheit ist der Ort, an den wir uns begeben, um zu träumen, uns auszuruhen, um Lichtvisionen zu empfangen. In den östlichen Traditionen werden diese Gegenpole »Yin« und »Yang« genannt, das Empfangende und das Schöpferische.

*Das weiße Licht und das Regenbogenspektrum*

Sie können sich vorstellen, dass das weiße Licht, das auch häufig von Heilern verwendet wird, das reine Licht der Schöpfung ist. Es ist kraftvoll, heilsam und intensiv. Es repräsentiert die universelle Lebensenergie. Dann ist da noch das farbige Licht, das Regenbogenspektrum. Es ist das universelle weiße Licht, durch das Prisma unserer Welt der Formen gefiltert. Stellen Sie sich vor, dass diese Farben Sie nähren und Ihre Energie auffüllen, so wie die tägliche Nahrung Ihren physischen Körper stärkt. Rot und Orange, Gelb und Grün, Blau und Violett. Jede dieser Formen des Lichts hat ihre spezifischen Eigenschaften, ihre eigene Schwingung. Experimentieren Sie mit ihnen. Wir werden in den Meditationen das ganze Spektrum des Regenbogens nutzen. Ich verwende sehr häufig goldenes Licht. Meiner Erfahrung nach bringt goldenes Licht Wachstum, Transformation und Stärke. Es ist das Licht der Sonne, der Wärme und des Lebens. Es verrichtet sein Werk für mich, löst negative Gedanken auf, spült alte Ängste fort, nimmt ganz sanft starre Glaubenssysteme auf. Es hilft mir, mit meinem innersten Selbst in Verbindung zu kommen. Für Schutz, Gleichgewicht und Reinigung verwende ich das gesamte Spektrum des Regenbogens.

Bitte denken Sie daran, dass ich Sie nicht dazu auffordere, irgendetwas einfach zu glauben oder als Tatsache hinzunehmen. Ich will mich in diesem Buch ganz bewusst nicht auf eine wissenschaftliche Diskussion über das Licht und seine energetischen Eigenschaften einlassen. Ich fordere Sie einfach dazu auf, Ihre Vorstellungskraft einzusetzen. Schon wenn Sie sich vorstellen, von Licht umgeben zu sein, von Licht genährt und geschützt zu werden, werden Sie eine Veränderung in Ihrem Energiefeld spüren. Ihr Verständnis davon, was es heißt, mit Licht zu arbeiten, wird so auf Ihrer eigenen Erfahrung beruhen und nicht mehr rein theoretisch sein.

# »Ich bin Energie«

Beginnen Sie die folgende Meditation, indem Sie über das Wort »Energie« nachdenken. Atmen Sie es ein, spüren Sie das Wort in Ihrem Inneren. Wie ist Ihre Energie beschaffen? Wie erfahren Sie sie? Führt das Wort an sich Ihnen schon Energie zu oder ruft es ein Gefühl der Müdigkeit und Hoffnungslosigkeit in Ihnen hervor? Nehmen Sie einfach nur Ihre Reaktionen wahr. Wenn Sie unter einem ständigen Energiemangel leiden, werden Sie wahrscheinlich frustriert sein, sobald Sie darüber nachdenken. Wenn dem so ist, dann ist es wichtig, dass Sie die Assoziationen verändern, die Sie mit dem Wort oder dem Begriff der Energie verbinden. Lassen Sie bei jedem Einatmen zu, dass es möglich ist, Ihre Energie zu vergrößern, dass Sie sich zunehmend energiegeladen fühlen können.

*Setzen Sie sich ruhig hin, atmen Sie tief durch und meditieren Sie ein paar Augenblicke lang, indem Sie einfach Ihrem Atem folgen. Stellen Sie sich vor, dass mit jedem Atemzug Energie in Sie einströmt und durch Ihren Körper fließt.*

»Ich bin Energie« – die eigene Energie spüren

*»Prana« ist das Wort für die Lebenskraft im Sanskrit. Es steht für die Energie, die einst das gesamte Universum erschaffen hat und es erhält. Experimentieren Sie mit dem Gebrauch dieses Wortes. Während Sie einatmen, stellen Sie sich selbst als von Prana durchtränkt vor, als völlig von Prana*

*durchdrungen. Spüren Sie das Prana in jeder einzelnen Zelle Ihres Körpers.*

*Setzen Sie nun Ihre Vorstellungskraft ein. Während Sie Prana, die Lebenskraft, einatmen, stellen Sie sich all das vor, was in diesem Moment in Ihrem Körper vor sich geht. Ihr Herz schlägt, das Blut fließt und pulsiert. Nervenzellen übertragen Impulse, Zellen teilen sich und sterben ab. Nahrung wird verdaut. Drüsen produzieren Sekrete. Unzählige Prozesse laufen gleichzeitig in Ihrem Körper ab, während Sie ruhig atmend dasitzen und diese Worte lesen.*

*Schließen Sie, nachdem Sie die folgenden Zeilen gelesen haben, Ihre Augen und stellen sich vor, dass Sie alle diese Prozesse in Ihrem Inneren fühlen können. Denken Sie daran, wie viel Energie in diesem Moment in Ihnen wirkt. Lernen Sie sie zu schätzen: die Energie des Blutes, der Zellen, des Herzens, der Leber, des Gehirns. Selbst wenn nicht jeder Teil Ihres Körpers optimal funktioniert, so sind Sie doch eine riesige Schatzkammer voller Energie. Konzentrieren Sie sich nicht auf das, was fehlt. Spüren Sie, wie viel Energie Sie allein schon haben müssen, um einfach hier zu sein, voller Leben, atmend, dieses Buch lesend.*

*Erlauben Sie dem Gedanken »Ich bin eine riesige Schatzkammer voller Energie«, sich in Ihrem Inneren auszubreiten und Anklang in Ihrem Geist zu finden. Seien Sie gewiss, dass Sie beim Erkunden der Übungen in diesem Buch entdecken werden, wie Sie Zugriff auf diese Schatzkammer bekommen und sie immer wieder auffüllen können.*

*Fassen Sie nun den festen Entschluss, die folgenden Sätze aus Ihrem Vokabular zu streichen:*

*»Ich habe nicht die Energie dazu.«*

*»Ich habe keine Energie.«*

*»Ich habe nicht genügend Energie.«*

*Stattdessen können Sie sich sagen: »Ich muss meine Energie heute unbedingt wieder auffüllen«, »Ich muss heute mit meiner Energie gut haushalten«, »Ich muss heute dazu beitragen, dass meine Energie frei fließen kann.« Denken Sie daran, dass Sie immer Energie haben, mehr, als Sie denken. Denken Sie jeden Tag daran, dass Sie voller Energie sind, so wie Sie es eben an sich selbst erfahren haben. Schlicht und einfach, weil Sie leben, sind Sie voller Energie. Atmen Sie nun noch einmal ruhig ein und aus und gehen Sie im Geist durch Ihren ganzen Körper, indem Sie sich die Energie vorstellen, die in jedem Teil von Ihnen wirkt. Der menschliche Körper ist Energie, er ist in seinem Inneren in konstanter Bewegung. Die Übungen in diesem Buch werden Ihnen helfen, die Energie freizusetzen, die bereits in Ihnen steckt.*

# Grenzen setzen und Energie erhalten

In unserer heutigen Welt wissen wir nicht mehr, was es heißt, Energie zu bewahren. Unsere Gesellschaft basiert auf Konsum und dem Verausgaben von Energie. Weltweit gesehen zehren wir die Ressourcen der Erde auf. Die USA haben ein Handelsdefizit in Höhe von Milliarden von Dollar. Die Gesundheit unserer Wirtschaft hängt davon ab, wie viel die Menschen ausgeben. Uns wird beigebracht, dass wir Energie aufbringen, Überstunden machen, unser Privatleben opfern und alles geben müssen, wenn wir erfolgreich sein wollen. Menschen kämpfen mit chronischer Müdigkeit, Erschöpfung, Stress und Ausgebranntsein. Es gibt wenige Ansätze in unserer Gesellschaft für das Erhalten, die Wiedergewinnung und das Auffüllen von Ressourcen. Wir erleben die Wahrheit von Chief Seattles berühmtem Satz »Was wir der Erde antun, tun wir uns selbst an« am eigenen Leib. Wir haben die Ressourcen und Energien der Erde erschöpft und aufgezehrt und merken jetzt, dass wir selbst erschöpft und ausgezehrt sind.

Wir scheinen nichts von Energie zu verstehen. Wir verstehen nicht, dass Energiefluss auf dem Prinzip des Austauschs basiert: Was man wegnimmt, muss man auch wieder nachfüllen. Ich wohne in einem Haus ohne herkömmliche Stromversorgung. Der gesamte Strom für unser Haus wird aus Sonnenenergie gewonnen. Wir verfügen über ein recht bescheidenes Energiesystem, dadurch habe ich das Prinzip des Austauschs sehr schnell erlernt. Wenn ich viel

*Energiefluss basiert auf dem Prinzip des Austauschs*

Strom an einem bewölkten Tag verbrauche, kann es sein, dass ich auf einige sonnige Tage warten muss, bevor ich einen Film im Fernsehen anschauen, die Waschmaschine anschalten oder im Internet surfen kann.

Es ist so einfach! Dasselbe Prinzip gilt auch für mich selbst. Ich verbrauche jeden Tag Energie. Ich muss sie erhalten, mich um sie kümmern, sie wiedergewinnen und auffüllen, bevor ich noch mehr Energie verbrauchen kann. Essen und Schlaf allein können das nicht gewährleisten, insbesondere da heutzutage so viele Menschen auf die Schnelle essen und ruhelos schlafen.

Nehmen Sie sich einen Augenblick Zeit und denken Sie darüber nach, wie viel Energie Sie im Laufe eines Tages verbrauchen. Denken Sie an das Wasser, das Sie verbrauchen, an den Strom. Denken Sie einmal darüber nach, wie viel Energie täglich erforderlich ist, um Ihren Lebensstandard zu erhalten, ganz gleich, wie niedrig Sie ihn einstufen. Haben Sie eine Vorstellung davon, wie viel Watt Ihr Fernseher verbraucht, jedes Mal, wenn Sie ihn einschalten? Oder der Föhn, der Toaster, der Herd? Sie mögen über den Zustand unserer Welt entsetzt sein, aber haben Sie irgendeine genaue, greifbare Vorstellung davon, wie viel Sie selbst jeden Tag zu dem anhaltenden, ständigen Abbau unserer Ressourcen beitragen?

Denken Sie einmal über Ihre persönlichen Energieressourcen nach und darüber, wie viel Energie Sie verbrauchen durch Arbeit, den Kontakt zu anderen Menschen, Besorgungen, selbst nur dadurch, dass Sie sich amüsieren. Vielleicht haben Sie schon bemerkt, dass Sie sich ausgelaugt fühlen, wenn Sie von der Arbeit nach Hause kommen, aber was laugt Sie denn so aus? Haben Sie irgendeine Vorstellung davon, wie viel von Ihrer persönlichen Energie allein durch ein zufälliges Treffen mit jemand anderem verloren gehen kann – durch eine Begegnung mit einem Kollegen, den Eltern, dem Chef, dem Partner oder diesem Nachbarn, der Ihnen den letzten Nerv raubt?

*Persönliche Energieressourcen einschätzen lernen*

Bei der Stromversorgung mit Solarenergie gibt es Anzeigen, die exakt angeben, wie viel Energie man verbraucht, wenn man den Computer, das Licht oder eine Maschine anschaltet. Stellen Sie sich einmal einen Tag lang vor, Sie würden solch eine Anzeige ständig bei sich tragen. Was lässt die Nadel ausschlagen? Welches Erlebnis gibt Ihnen Energie? Wo ist Ihr »energetischer Sonnenschein«? Was lässt Ihre Energie auf ein gefährlich niedriges Niveau absinken? Wenn es ein »bewölkter« Tag ist, einer, an dem Sie sich ohnehin nicht so gut fühlen, kann schon ein geringer Energieverbrauch Sie ganz schön runterziehen. Wie verschaffen Sie sich einen Platz an der Sonne? Wie füllen Sie Ihre Energiereserven wieder auf?

Wenn Sie Ihren Gesamtenergieverbrauch näher untersuchen, finden Sie vielleicht ein paar Kleinigkeiten, mit denen Sie in Ihrem Umfeld zur Energieerhaltung beitragen können. Trennen Sie sich von im Grunde unnötigen Haushaltsgeräten, bilden Sie Fahrgemeinschaften, wenn Sie können, lassen Sie die Toilettenspülung so kurz wie gerade nötig laufen und kaufen Sie weniger ein. Es gibt unzählige kleine Wege, sich weniger an der systematischen Energieverschwendung und dem unbewussten Energieverlust zu beteiligen. All das ist wichtig, und dennoch kann es manchmal schwierig sein, die Auswirkungen von solchen persönlichen Schritten auf die globale Situation überhaupt zu spüren. Wenn Sie allerdings damit beginnen, parallel dazu auch Ihrem körperlichen Energieverbrauch Aufmerksamkeit zu schenken, werden Sie feststellen, dass sich Ihr tägliches Erleben dadurch verändern kann. Sie werden mehr Energie haben.

Ein Großteil unserer Energie wird im Austausch mit anderen Menschen verbraucht. Sicherlich pflegen wir Beziehungen, die uns energetisieren und in denen wir einen wunderbaren Energieaustausch erleben. Dennoch unterhält jeder Mensch, den ich bisher getroffen habe, auch Beziehungen, die er als erschöpfend empfindet. Es ist grundlegend für unsere menschliche Existenz, dass wir bei und nach bestimmten Begegnungen einfach wissen müssen, wie wir unsere Energie erhalten und wieder auffüllen können.

Es wird heutzutage viel über das Setzen von Grenzen gesprochen. Das ist eine notwendige Fähigkeit, wenn man seine Energie erhalten will, statt sie von anderen Menschen erschöpfen zu lassen. Allerdings haben nur wenige von uns gelernt, dies auch wirklich zu tun. Die folgende Übung ist einfach, wirksam und wird Ihnen zeigen, wie man in Begegnungen mit anderen eine spürbare Grenze für sich selbst ziehen kann. Sie konzentriert Ihre Aufmerksamkeit auf Ihre eigene Energie. Sie schützt und erhält Ihre Energie und sorgt dafür, dass Sie in Ihrem Leben immer Energie zur Verfügung haben. Diese Übung isoliert Sie nicht und beschneidet Ihre zwischenmenschlichen Beziehungen nicht, sondern bietet Ihnen eine neue Grundlage der Begegnung – eine Basis, bei der Sie tief in sich selbst ruhen. Regelmäßig praktiziert, verhindert sie, dass andere Ihre Energie erschöpfen. Wenn Sie diese Übung erst einmal eine Weile lang gemacht haben, können Sie sie – wenn nötig – in drei Sekunden durchführen.

*Setzen Sie sich ruhig hin, wenn Sie diese Übung die ersten paar Male machen. Später können Sie sie überall praktizieren, während eines Gesprächs, im Stehen im Bus oder Zug, an Ihrem Schreibtisch. Jetzt setzen Sie sich aber erst einmal hin und atmen ruhig ein und aus. Bringen Sie Ihre Energie für einige Augenblicke zur Ruhe.*

*Nun stellen Sie sich vor, dass Sie in Ihrem Geist eine Linie aus goldenem Licht um Ihren Körper herum ziehen. Fangen Sie oben am Kopf an. Ziehen Sie die Linie einige Zentimeter von Ihrem Körper entfernt. Lassen Sie sie an der rechten Seite Ihres Kopfes herunterlaufen, den Nacken, die Schulter und den Arm entlang, um jeden Finger, unter dem rechten Arm hoch, an der rechten Körperhälfte entlang, an der Außenseite des rechten Beins herunter, um jeden einzelnen Zeh, an der Innenseite des rechten Beins hoch, bis zum Schritt, und so am linken Bein herunter um den ganzen Körper herum, bis Sie wieder am Kopf ankommen.*

Die Linie aus goldenem Licht – Grenzen setzen, um Energie zu erhalten

Die Linie sollte ununterbrochen um Ihren gesamten Körper herum verlaufen. Wenn Sie sie verlieren, fangen Sie noch einmal von vorne an. Wenn Sie Spannung spüren oder auf einen Widerstand stoßen, dann machen Sie einfach weiter. Es ist keine Wolke aus Licht, die Sie umgibt, sondern eine klar definierte Linie. Sie rahmt den Körper ein wie eine zweidimensionale Zeichnung auf einer Tafel. Meine eigene Erfahrung mit dieser Übung hat mich gelehrt, dass es sehr hilfreich ist, die Linie ziemlich dicht, also fünf bis zehn Zentimeter vom Körper entfernt, zu ziehen. Wenn Sie das anders erleben, dann tun Sie ruhig, was sich für Sie richtig anfühlt. Denken Sie jedoch daran, dass diese Übung nicht dazu dient, sich zum Schutz mit Licht zu umgeben. (Lesen Sie dazu das Kapitel »Psychischer Selbstschutz«.) Hier geht es um Ihre Selbstdefinition – darum, den Umriss Ihres einzigartigen Selbst zu zeichnen, wie ein Kartograph die Grenzen eines Landes auf einer Landkarte zieht. Wenn Sie versuchen, eine zu große Fläche um Ihren Körper herum zu definieren, dann könnten Sie möglicherweise das Gefühl der Grenzziehung schnell wieder verlieren.

*Wenn Sie die Linie aus goldenem Licht vollständig gezogen haben, bleiben Sie einfach einen Moment lang ruhig sitzen und spüren Sie sie. Stellen Sie sich die Linie als die Grenze, den äußeren Rand Ihres einzigartigen persönlichen Wesens vor. Jeglicher Einfluss von außen darf nur hereinkommen, wenn Sie es zulassen. Stellen Sie sich nun vor, dass Sie spüren können, wie Ihre eigene Energie vom Kopf durch Ihren ganzen Körper in die Beine und wieder zu-*

*rückfließt. Sie ist wie das Blut, das in Ihrem Körper zirkuliert. Sie erleben das Fließen der Lebensenergie in Ihrem eigenen Energiesystem, in Ihrem Energiefeld. Nehmen Sie die Energie wahr, die das Gefäß durchströmt, das Sie selbst definiert haben. Tun Sie das, solange Sie wollen.*

Energetische Grenzen definieren – die eigene Energie spüren

*Kehren Sie dann wieder zu der Linie aus goldenem Licht zurück. Ziehen Sie sie noch einmal, und bitten Sie sie darum, Sie auf Ihrem Weg in die Welt zu begleiten. Danken Sie der Lebensenergie für ihre Unterstützung, bringen Sie ihr Wertschätzung entgegen, während Sie sie spüren. Es empfiehlt sich, nach dieser Meditation die Übung im Kapitel »Psychischer Selbstschutz« zu machen.*

Wenn Sie diese Übung einige Male wiederholt haben, werden Sie bemerken, dass Sie sie recht schnell ausführen können, wann immer Sie eine Grenze ziehen, Energieverlust verhindern und mit sich selbst in Verbindung kommen wollen. Wenn Sie zum Beispiel mit jemandem telefonieren, und Sie merken, wie Ihre Energie dahinschwindet, dann lassen Sie ihn einfach weitersprechen, weil er dies wahrscheinlich ohnehin tun wird, schließen Sie kurz die Augen und atmen Sie tief durch. Stellen Sie sich rasch vor, dass die Linie aus goldenem Licht sich um Ihren Körper hüllt und Ihre Grenzen festlegt. Spüren Sie den Energiestrom, der durch Sie hindurchfließt. Öffnen Sie nun die Augen wieder. Wahrscheinlich werden Sie sich dann höflich, aber be-

*Energieverlust verhindern – das Prinzip der Energieerhaltungen*

stimmt etwas sagen hören, was der Situation angemessen ist, wie etwa: »Lass uns das Gespräch ein andermal fortsetzen«, »Okay, ich werde darüber nachdenken« oder »Ich muss jetzt wirklich Schluss machen«. Wenn Sie aufgelegt haben, atmen Sie nochmals tief durch, ziehen Sie die Linie nach und nehmen Sie den Energiefluss wahr. Kommen Sie zu sich selbst zurück. Bleiben Sie nicht in der Energie der anderen Person stecken. Ziehen Sie die Linie wieder und wieder, sooft es nötig ist. Falls Sie nicht gleich die Zeit dafür finden, tun Sie es später, bei der nächsten Gelegenheit.

Interessanterweise erhalte ich von einigen Menschen das Feedback, dass sie sich selbstsüchtig fühlen, wenn sie diese Übung machen, so als hätten sie kein Recht auf ihre eigene Energie. Oder Angst kommt in ihnen hoch: »Wenn ich diese Linie ziehe, trenne ich mich ab. Ich bin dann isoliert, abgeschnitten und allein.« Beobachten Sie einfach, was Ihnen bei dieser Übung in den Sinn kommt, und seien Sie gewiss: Sie haben ein Recht auf Ihre eigene, persönliche Energie. Sie brauchen sie, Sie haben sie verdient. Sich auf eine solche Weise auf sich selbst zu konzentrieren, isoliert Sie nicht von anderen, schneidet Sie nicht von ihnen ab oder entfremdet sie gar von anderen. Es versorgt Sie mit einer sicheren energetischen Grundlage, um in Beziehung zur Welt treten zu können – zu Ihrem eigenen Leben und zu anderen Menschen.

Andere wiederum haben bemängelt, dass ihnen diese Übung negativ erscheint. Sie wollen andere Menschen nicht als Bedrohung ansehen und ziehen es vor, jede Form von Energie, die ihnen begegnet, liebevoll aufzunehmen. Diese Übung kann voller Liebe ausgeführt werden: Liebe zu sich selbst und zu anderen. Sie ist hilfreich für all diejenigen unter Ihnen, die äußerst mitfühlend sind, die spüren, was andere fühlen, und die negativen Energien ihrer Mitmenschen aufnehmen, sich von anderen Menschen leicht überwältigt fühlen und sich in Beziehungen verlieren.

Je mehr Erfahrung Sie mit dem Prinzip der Energieerhaltung sammeln und je mehr Sie darüber nachdenken, umso mehr wird Ihnen auffallen, wie Sie täglich Ihre Energie verschwenden. Sie werden vielleicht feststellen, dass sich mit der Zeit Ihr Denken verändert. Statt sich morgens die Frage zu stellen: »Fühle ich mich danach, dies oder jenes heute zu tun?«, werden Sie sich vielleicht fragen: »Wird dies oder jenes meine Energie heute unterstützen?« Statt sich selbst zu sagen: »Oh, ich kann diese Person einfach nicht ausstehen, sie macht mich verrückt«, sagen Sie vielleicht: »Dieser Mensch raubt mir wirklich meine Energie. Wenn ich ihm heute begegne, muss ich besonders darauf achten, meine Energie zu erhalten und wiederaufzuladen.«

Sie werden feststellen, wie auch Sie anderen Energie entziehen und wie Sie sich selbst den Stecker aus der Dose ziehen. Sich eingehender mit dem Prinzip der Energieerhaltung zu befassen eröffnet Ihnen eine neue Sicht der Welt – neue Wege, sich selbst und andere wahrzunehmen.

## Zur Ruhe kommen

*Wenn Sie zur Ruhe kommen wollen, schließen Sie einfach Ihre Augen, konzentrieren Sie sich auf Ihren Atem und zählen Sie die Atemzüge. Einatmen, eins; ausatmen, zwei; einatmen, drei usw. Zählen Sie bis zehn und zurück auf eins. Sie werden merken, wie die Spannung in Körper und Geist fast augenblicklich zu schwinden beginnt. Setzen Sie diese Übung zehn Sekunden oder eine halbe Stunde lang fort, ganz wie Sie wollen. Dann und wann werden Sie feststellen, dass Sie bis 35 gezählt haben, ohne es zu merken, oder überhaupt nicht mehr wissen, wo Sie mit dem Zählen gerade sind. Fangen Sie dann einfach wieder von vorne an.*

Spannung in Körper und Geist abbauen

Das ist die einfache, schnelle Version dieser Übung. Manchmal braucht es jedoch etwas mehr. Menschen werden mitunter von ihrem eigenen Geistes- und Gemütszustand überwältigt. Wir fühlen uns kraftlos, als ob wir in ganzen Flutwellen von Gedanken und Gefühlen ertrinken würden. Wir müssen lernen, wie wir mit all diesen Gemütszuständen spielerisch umgehen und uns mit größerer Leichtigkeit durch sie hindurchmanövrieren können. Lesen Sie dazu jetzt das folgende Szenario und experimentieren Sie dann selbst damit. Werden Sie der Regisseur Ihres eigenen Theaterstücks. Sie wissen vielleicht schon ganz gut, dass

Ihre Vorstellungskraft Sie in Angst oder Sorge versetzen kann. Sie kann Sie jedoch ebenso beruhigen, und wenn Sie ruhig sind, werden Sie sich auch insgesamt energiegeladener fühlen.

Stellen Sie sich vor, dass Sie in einem Boot auf dem ruhigen Meer dahinsegeln. Der Himmel ist strahlend blau. Es weht eine leichte Brise. Überall ist weiter, offener Raum. Sie können tief durchatmen, können sich entspannen. Das Boot trägt Sie einfach weiter. Plötzlich kommt Wind auf, die Wellen werden höher, Wolken tauchen am Horizont auf. In dem Moment, in dem Sie das bemerken, wird das Boot auch schon hin- und hergewirbelt wie ein Stück Holz. Die Wellen überrollen Sie. Sie klammern sich an den Mast und kämpfen um Ihr Leben. Der Himmel ist pechschwarz, der Wind wird noch stärker und heult in Ihren Ohren. Die Wellen schlagen über Ihnen zusammen. Sie sind sich sicher, dass Sie untergehen werden. Sie haben kaum noch Kraft. Das Boot bricht auseinander, aber Sie schaffen es, Ihren Kopf über Wasser zu halten und sich an einer dahintreibenden Planke festzuklammern. So plötzlich wie der Sturm aufgekommen ist, verschwindet er auch wieder. Der Wind legt sich. Das Meer wird ruhig. Sie lockern Ihren Griff und lassen sich mit der Planke treiben. Sie werden von den Wellen der ruhigen See sanft hin- und hergeschaukelt. Land taucht in der Ferne auf, und die Strömung trägt Sie genau dorthin. Sie lassen sich von der Planke bis an den Strand tragen.

*Unsere täglichen Gedankenstürme*

Da liegen Sie nun im nassen Sand, spüren den Boden unter Ihrem Körper, nehmen den Rhythmus der Wellen wahr, die über den Strand laufen und sich wieder zurückziehen, vor und zu-

rück, Ebbe und Flut. Immer wieder kommen und gehen die Wellen, umspülen Ihre Füße und Beine und verschwinden wieder. Die Gezeiten nehmen ihren Lauf. Sie befinden sich auf festem Boden, der Sturm ist vorüber.
Diese Szene wird in unserem Geist wieder und wieder durchgespielt. Fast jeden Tag erleben wir Stürme, sind dem Ertrinken nahe, schnappen nach Luft, kämpfen darum, nicht unterzugehen. Fast täglich sind wir erleichtert, wenn der Sturm sich legt, wenn wir festen Boden unter den Füßen spüren. Der Sturm kann eine Auseinandersetzung mit dem Partner sein, ein Zwischenfall mit einem Kollegen, einem Autofahrer, der Ihren Wagen im Straßenverkehr schneidet, ein Bericht in den Abendnachrichten. Es kann ein Gedankensturm sein: »Was soll ich tun? ... Ich hätte dies und jenes machen sollen! ... Warum hat er das getan? ... Warum tut sie das nicht?« Wir denken vielleicht, dass wir uns nur ein wenig Sorgen über etwas machen, dass wir nur wütend sind oder dass eine Kleinigkeit uns ein wenig durcheinander gebracht hat, aber in Wirklichkeit tobt in unserem Geist ein viel größerer Sturm. Denken Sie darüber nach, wie viel Energie es Sie kosten würde, wenn Sie durch einen Sturm wie den oben beschriebenen hindurch müssten. Denken Sie daran, wie müde Sie danach wären. Und seien Sie nett zu sich selbst, wenn Sie müde sind am Ende eines langen Tages voller Stürme.

Sie können selbst wählen, wie lange der Sturm andauert. Werden Sie sich zuerst einmal bewusst, wie sehr Sie der Spielball von Ereignissen sind – wie ein einziges Wort, ein Blick von einem anderen Menschen, ein dahingesagter Satz Ihre Energie durcheinander bringen kann. Stellen Sie fest, wo im Körper Sie die Störung spüren. Sind Ihre Kiefermuskeln angespannt? Vielleicht zieht sich Ihr Solarplexus zusammen oder reagiert überempfindlich. Vielleicht spannen sich die Muskeln Ihrer Beine an. Finden Sie heraus, wo Sie festhalten, und entspannen Sie diesen Körperteil wieder.

Konzentrieren Sie sich auf Ihren Atem. Zählen Sie die Atemzüge und beobachten Sie dann einfach nur Ihren Atem: einatmen, ausatmen.

Stellen Sie sich jetzt vor, wie die Wellen über Ihnen zusammenschlagen. Visualisieren Sie es, fühlen Sie es. Dann stellen Sie sich mit einem langsamen und wohltuenden Ausatmen vor, wie sich die Wellen wieder glätten. Durch die Visualisierung der Wellen bringen Sie die Störungen in Ihr Bewusstsein, die sich tatsächlich in Ihrem Energiefeld abspielen, wenn Sie auf äußere Reize stoßen. Sobald diese Wellen in Ihr Bewusstsein gelangen, sobald Sie ihrer gewahr werden, können Sie mit ihnen arbeiten. Versuchen Sie es einmal. Bremsen Sie die Wellen ab, lassen Sie sie ganz verschwinden. Wann immer eine neue Sorge oder eine neue Anspannung auftaucht, sehen Sie sie als eine Welle an und lassen Sie sie auslaufen. Oder lassen Sie einfach los und gönnen Sie sich, davongetragen zu werden. Stellen Sie sich das ruhige Meer in der Dämmerung bei Ebbe vor. Fühlen Sie den Strand unter Ihren Füßen. Oder visualisieren Sie, dass Sie während des Sturms auf einer hohen Klippe stehen. Sie können die tosenden Wellen dort unten sehen, Sie spüren den Wind, aber Sie stehen über dem Geschehen. Während Sie hinunterschauen, können Sie

*Innere Wellen glätten*

die Wellen als das erkennen, was sie sind: steigende und fallende Wellen in einem weiten Meer.

Welche Art von Aufruhr Sie auch immer erleben mögen, Sie können ein Stück zurücktreten, eine andere Perspektive einnehmen, ohne die Erfahrungen, die Sie gemacht haben, oder Ihre Gefühle zu verleugnen. Sie können lernen, spielerisch mit dem Sturm umzugehen.

*Ruhe in den Sturm bringen*

Probieren Sie es an sich selbst aus. Versuchen Sie es jetzt. Es ist gut, einen Sturm zu simulieren, es zu üben, wenn Sie sich nicht inmitten von Turbulenzen befinden. Setzen Sie sich hin, zählen Sie Ihre Atemzüge einige Augenblicke lang. Dann erschaffen Sie in Ihrer Vorstellung die Szenerie des Sturms und auch sein Ende. Sie können sich all das einfach vorstellen, sich selbst eine Geschichte erzählen oder auch nur die steigenden und fallenden Wellen um sich herum spüren. Sie werden überrascht sein, wie viele Wege es gibt, Ruhe in einen Sturm zu bringen. An manchen Tagen wollen Sie sich vielleicht fallen lassen und ertrinken oder davongetragen werden. Sie selbst können die Insel sein, von der sich die Wellen bei Ebbe zurückziehen. An anderen Tagen können Sie Moses sein, der das Rote Meer teilt. Oder Sie können sogar über das Wasser gehen … Sie werden viele Wege finden, durch einen Sturm zu navigieren, viele Wege, die zu dem ruhigen Hafen führen – zu dem Ort, der Ihnen Frieden und Rückzug gibt, der immer da ist und in Ihrem Bewusstsein auf Sie wartet.

# Atem ist Energie

Atem ist Energie. Das ist ziemlich offensichtlich. Ohne den Atem sterben wir. Unser Atem ist der Träger, der Übermittler der Lebenskraft. Viele meditative Traditionen arbeiten mit dem Atem, um veränderte Bewusstseinszustände hervorzurufen, um den Energiefluss im Körper auszugleichen, um die als »Chakren« bekannten Energiezentren zu erwecken und um den Körper gesünder werden zu lassen. Das Studium dieser Zentren kann sehr hilfreich sein, aber schon allein das Bewusstsein von Atem als Nahrung, als das Leben selbst, kann sich heilsam und energetisierend auf uns auswirken.

In vielen Schöpfungsgeschichten auf der ganzen Welt wird die Kraft des Atems beschrieben. Das englische Wort *spirit,* auf Deutsch »Geist« oder »Verstand«, geht auf das lateinische *spirare* zurück, was »atmen« bedeutet. Atem verleiht uns Leben. Er ist immer da. Zu jedem Zeitpunkt können wir den Atem beobachten und so unsere Verbindung zur universellen Lebenskraft wahrnehmen.

Die Erfahrung des nährenden Atems

*Atmen Sie einfach nur ein. Beobachten Sie Ihren Atem. Versuchen Sie nicht, ihn zu steuern. Atmen Sie aus. Denken Sie an den Atem als Nahrung, als Lebensenergie. Während Sie einatmen, spüren Sie, wie der Atem durch Ihren ganzen Körper strömt. Stellen Sie sich die Energie vor, die er in jede Zelle trägt. Jedes Organ wird von der Energie dieses Atemzugs durchdrungen und genährt. Alles, was Sie in dieser Meditation tun, ist, bewusst anzuerkennen, was mit jedem Atemzug geschieht.*

Fühlen Sie, welch ein Geschenk er ist, Ihr Atem. Es ist so einfach! Ein kurzer Atemzug bringt Ihnen so viel Energie, in jedem Augenblick, Tag für Tag. Vielleicht kommt dabei ein Gefühl des Staunens und der Dankbarkeit in Ihnen auf.

Sie müssen nicht auf irgendeine besondere Art und Weise atmen oder irgendeine bestimmte Übung machen. Jeder Atemzug bringt Ihnen, so wie er ist, Leben und Energie. Beobachten Sie Ihren Atemrhythmus. Nehmen Sie die Veränderungen wahr, die sich ganz von selbst einstellen, wenn Sie sich Ihres Atems bewusst werden.

Ihr Atem wird als Übermittler für jede Energie dienen, die Sie in ihn hineinlegen. Sie können Farben einatmen. Sie können ein bestimmtes Wort einatmen: Friede, Fülle, Freude, Gesundheit. Sie können all das in die Welt ausatmen, ins Universum entsenden.

Der Atem ist zudem ein wunderbarer Anker, ein Weg, sich zu zentrieren und zu erden. Er hilft Ihnen, sich an sich selbst zu erinnern. Es gibt eine Übung, die ich »Erkenntnis einatmen« nenne. Sie hilft Menschen dabei, ihre Einsichten zu festigen, jene Erkenntnisse, die sie durch ihre innere Arbeit erlangen. Stellen wir uns vor, Sie haben heute eine von diesen Offenbarungen erlebt. Sie mag noch so unbedeutend, noch so offensichtlich gewesen sein, und doch hallt sie in Ihrem ganzen Wesen wider:

»Ich muss mich nicht um jeden Menschen auf dieser Welt kümmern«, »Oh, ich habe die Wahl!«, »Ich muss nicht jedem gefallen.« Sie kennen diese Einsichten sicherlich. Sie kommen mit einer solchen Klarheit zu uns und dann verschwinden sie wieder in der Flut unserer täglichen Aktivitäten, unserer alten Gewohnheiten und Begegnungen mit anderen Menschen.

Erkenntnis einatmen

*Wenn Ihnen das nächste Mal eine solche Erkenntnis kommt, nehmen Sie sich einen Moment Zeit, um sich hinzusetzen und sie einzuatmen. Denken Sie über die Einsicht nach und atmen Sie sie tief in Ihren Körper ein. Spüren Sie, wie die Erkenntnis, die Lehre, das Wissen tief in Ihre Zellen eindringt. Atmen Sie es nochmals ein und fühlen Sie, wie es zu einem Teil von Ihnen wird.*

Viele Menschen suchen nach Fülle in ihrem Leben. Der Atem ist eine spürbare Erinnerung an die Fülle des Universums. Er ist immer da, ist immer gebend und unterstützt unser Leben. Nehmen Sie das Geschenk Ihres Atems an und erfreuen Sie sich daran! Er ist Ihr ständiger Begleiter. Wenn Sie Ihren Atem und seine Nahrung, die Energie, die er Ihnen bringt, bewusst annehmen, sind Sie niemals allein.

# Wie Sie Ihre Energie reinigen und wieder aufladen können

Vor drei Jahren bemerkte ich, dass mich meine Arbeit mit Menschen ermüdete und meine Energie aufzehrte. Ich nahm Unterricht bei einer Lehrerin, die Erfahrung mit Energiearbeit hatte. Eines Tages, als ich auf dem Weg zu ihr war, sah ich einen beeindruckenden Regenbogen. Es war eine prächtige Farbsäule – ein Bogen, der sich vom Himmel bis hin zur Erde, von den Wolken bis zu den Bergen erstreckte. Ich habe so etwas nie wieder gesehen. Später, am gleichen Tag erlernte ich die nun folgende *Regenbogenreinigung*, eine Übung, mit der man die persönliche Energie klären und wieder aufladen kann.

Regenbogenreinigung

*Stellen Sie sich vor, dass alle Farben des Regenbogens, Lila, Blau, Grün, Gelb, Orange, Rot, durch Ihren Körper strömen, dass Sie unter einem Regenbogen stehen oder sitzen. Sie brauchen sich nicht unbedingt alle Farben im Detail vorstellen. Es genügt, wenn Sie einfach an einen Regenbogen denken. Der Regenbogen geht durch Sie hindurch, von Kopf bis Fuß. Sie können es sich vorstellen, es nachempfinden oder sich selbst einfach erzählen, dass es geschieht. Bitten Sie ihn, Ihre Energie zu reinigen und dass negative Energien, die durch diesen Prozess frei werden, durch die universelle Energie wieder neutralisiert werden.*

Es ist hilfreich, danach den *Regenbogenschutz* anzuwenden, der im Kapitel »Psychischer Selbstschutz« beschrieben wird. Machen Sie dies ruhig öfter. Sie können sich viel Zeit mit der Übung lassen oder sie auch schnell ausführen. Ich mache sie zwischen zwei Beratungssitzungen, nach Einkäufen und Besorgungen; abends, bevor ich schlafen gehe, und morgens, wenn ich aufwache.

Während die Farbe durch Sie hindurchströmt, reinigt sie nicht nur Ihren Körper, sondern bringt Sie auch wieder ins Gleichgewicht. Glauben Sie mir nicht einfach. Versuchen Sie es selbst – jetzt.

# Psychischer Selbstschutz

Haben Sie sich schon einmal müde und ausgelaugt gefühlt nach einem einfachen Gang zum Supermarkt um die Ecke? Oder nachdem Sie in einer Menschenmenge waren? Macht Sie allein schon der Gedanke daran, zum Unterricht, auf eine Party, zu einer Vorlesung oder in einen Film zu gehen, augenblicklich müde? Kommen in Ihnen ohne ersichtlichen Grund manchmal Gefühle unerklärlicher Traurigkeit hoch? Wollen Sie sich oft einfach nur in eine kuschelige Ecke verkriechen und die ganze Welt zum Teufel jagen?

Manche Menschen sind äußerst einfühlsam. Sie reagieren sensibel auf die Energien und Emotionen anderer. Es fällt ihnen schwer, sich gut zu fühlen, wenn es jemand anderem schlecht geht. Sie nehmen sich der Probleme und Sorgen anderer an. Ein solcher Mensch ist im Stande zu fühlen, wie ihm Energie abgesaugt wird, wenn er einfach nur die Straße entlanggeht. Wenn Sie zu diesen Menschen gehören, dann wissen Sie, wie sehr Menschenmengen oder auch nur eine einzige unglückliche und verärgerte Person Ihnen zusetzen kann. Es ist, als hätten Sie die ganze Zeit über eine Antenne ausgefahren, die die Gefühle und Bedürfnisse anderer empfängt, selbst die eines Menschen, der im Supermarkt hinter Ihnen in der Schlange steht. Sie bemerken einfach alles. Und wenn sich einmal jemand schlecht fühlt, haben Sie sofort das Gefühl, dass Sie etwas dagegen unternehmen müssen.

Viele Menschen, ganz gleich ob männlich oder weiblich, sind

sich dieser Sensibilität bewusst, wissen aber nicht, wie sie damit umgehen sollen. Sie erleben das oft als Schwäche, als Unzulänglichkeit. Sie sind es gewöhnt, gesagt zu bekommen, sie seien zu emotional, würden überreagieren, seien zu »intensiv« in ihrer Art. Menschen mit dieser Sensibilität lernen vielleicht recht schnell, sich zu ihrem Selbstschutz vor ihren eigenen Gefühlen zu verschließen, doch Einfühlungsvermögen lässt sich nicht so einfach abstellen. Missverstanden oder verleugnet führt diese Art von Sensibilität dann zu Müdigkeit und Depressionen. Wenn man aber lernt, richtig mit ihr umzugehen, kann sie ein großes Geschenk sein. Mitgefühl vergrößert die Fähigkeit, andere zu lieben und zu verstehen. Es führt oft zu dem Wunsch, zu anderen Beziehungen voller Güte und Mitgefühl aufzubauen.

Falls keine der oben beschriebenen Charakteristika auf Sie zutrifft, können Sie dieses Kapitel getrost überspringen. Wenn Sie sich aber wiedererkannt haben, dann sollten Sie in Erwägung ziehen, ein paar grundlegende Techniken zum psychischen Selbstschutz zu lernen. Das hört sich sehr esoterisch an, ist aber ganz einfach. In vielen alten Traditionen werden Methoden zum psychischen Schutz gelehrt. Sie haben mittlerweile selbst beobachtet, dass sich Ihre eigene Energie durch den Kontakt mit der Energie anderer Menschen, Orte und Dinge verändert. Sie haben hoffentlich ebenfalls bis zu einem gewissen Grad erfahren, dass Sie Ihre Gedanken zur Veränderung Ihrer Energie einsetzen können. Ein Grundprinzip des psychischen Selbstschutzes besteht darin, dass Sie mit Hilfe Ihrer

*Techniken zum psychischen Selbstschutz*

eigenen mentalen Kräfte Ihre Empfänglichkeit für die Energien anderer verringern können.
Der erste Schritt zu psychischem Selbstschutz ist Bewusstheit. Beobachten Sie, wer oder was Ihnen Energie entzieht. Die folgenden Übungen, die Ihnen zeigen, wie Sie Grenzen setzen und anderen ihre Energie zurückgeben können, dienen dem psychischen Selbstschutz.
Sich selbst mit Licht zu umgeben ist eine altbekannte Methode zum psychischen Selbstschutz. Eine Variante dieser Methode ist eine Übung namens »*Regenbogenschutz*«. Diese Übung ist sehr einfach, und man macht sie am besten nach der *Regenbogenreinigung*.

Sich mit dem Regenbogenschutz umgeben

*Machen Sie die Regenbogenreinigung jeden Morgen, bevor Sie aus dem Haus gehen, und stellen Sie sich anschließend vor, dass Sie von einer großen Kugel aus regenbogenfarbenem Licht umgeben werden. Sie können sich als erste Spektralfarbe in nächster Nähe Ihres Körpers Rot vorstellen oder auch Violett. Ganz wie Sie wollen. Das Farbspektrum des Regenbogens reicht von Rot über Orange bis Gelb, hin zu Grün, Blau und Violett. Die Kugel dehnt sich um Ihren Körper herum in jeder Richtung so weit aus, wie Sie es möchten. Sie können sich das bildlich vorstellen oder sich einfach selbst erzählen, dass die regenbogenfarbene Kugel Sie umgibt.*

Kehren Sie mit Ihrer Aufmerksamkeit im Laufe des Tages immer wieder zu dieser Kugel zurück, besonders wenn Sie müde sind. Praktizieren Sie die *Regenbogenreinigung* erneut vor dem Einschlafen, und stellen Sie sich vor, wie die Kugel Sie umgibt, während Sie einschlafen.

Es funktioniert! Ich weiß nicht wie, aber es funktioniert. Ich kann es Ihnen nicht logisch erklären. Aber wenn Sie sich durch Ihre Mitmenschen und die Ereignisse in Ihrem täglichen Leben erschöpft fühlen, sollten Sie einmal versuchen, die Übung eine Weile lang regelmäßig zu machen. Beobachten Sie, was dabei passiert. Diese Übung zum psychischen Selbstschutz bringt Sie zu sich selbst zurück. An andere Menschen Energie zu verlieren beruht in erster Linie darauf, dass man sich zu sehr auf sie konzentriert, sich in ihnen verliert und dabei sich selbst völlig vergisst.

*Erste Hilfe in schwierigen Situationen*

Das nächste Mal, wenn Sie sich in einer schwierigen Situation befinden und allein sind, wenn Sie darüber nachdenken und herauszufinden versuchen, was Sie tun sollten, dann verbringen Sie nicht Stunden damit, wieder und wieder in Gedanken durchzugehen, was passiert ist, was passieren könnte und was Sie hätten sagen oder auch verschweigen sollen. Machen Sie sich nicht verrückt! Erneuern Sie einfach den *Regenbogenschutz*. Spüren Sie sich selbst in der Mitte dieses Regenbogenlichts. Kommen Sie zu sich selbst zurück. Sie werden sich mit der Situation auseinander setzen müssen, aber in diesem Augenblick ziehen Sie sich am besten erst einmal in den friedvollen, geschützten Raum zurück, den Sie im Kapitel »Zur Ruhe kommen« für sich selbst zu erschaffen gelernt haben. Laden Sie Ihre Batterien wieder auf. Von diesem Ort aus werden Sie wesentlich besser in der Lage sein, sich über Ihr weiteres Vorgehen klar zu werden.

## Wie Sie Ihre Energie zurückholen können

Die tibetischen Buddhisten haben viele Lehren, die sehr anschaulich den Bardo beschreiben, jenen Zustand, den das Bewusstsein nach dem Tod erfährt. Ihrer Lehre zufolge reist das Bewusstsein durch den Bardo, erlebt dabei viele Farben, macht viele beängstigende und viele schöne Erfahrungen, trifft auf Götter und Dämonen, wird von mächtigen Kräften hierhin und dorthin gezogen, bis es schließlich in einer neuen physischen Form wieder geboren wird. *Das Tibetanische Totenbuch* berichtet über den Bardo: »[...] zu dieser Zeit wird der heftige Wind des *Karma,* der schrecklich und schwer zu ertragen ist, doch von hinten (weiter) treiben, mit furchtbaren Stößen.« Hier wird uns offenbart, dass unser Bewusstsein auf die Erfahrungen des Bardo reagiert, wie es dem ihm gewohnten Handeln entspricht. Je nach den Gedanken, Gefühls- und Reaktionsmustern, die sich im Laufe unseres Lebens entwickelt haben, werden wir von unterschiedlichen Formen des Lichts und unterschiedlichen Erfahrungen angezogen – in eine neue Wiedergeburt hinein. Viele der im tibetischen Buddhismus praktizierten Übungen sollen dem Bewusstsein beim Übergang durch den Bardo helfen, in einem Zustand von Liebe und Bewusstheit zu bleiben, um nicht von den alten, karmischen Kräften wie Habgier, Zorn und Beschränktheit überwältigt, sondern in einem Zustand der Liebe und Bewusstheit wieder geboren zu werden.

Ganz unabhängig davon, ob Sie nun an Reinkarnation und die tibetische Sicht der Ereignisse nach dem Tod glauben oder nicht, das Bild des Bardo ist eine ausdrucksstarke Metapher für unsere Reise durch diese Welt – zu Lebzeiten und auch im Tode. Jeden Tag erfahren wir das Zerren und Drängen alter Gewohnheiten und Muster. Wir sehen uns das Gleiche wieder und wieder tun, und wir tun es dennoch weiterhin. Die Muster wiederholen sich. Wir nehmen uns vor, diesen Weg zu gehen, und gehen schließlich doch einen anderen. Wir entschließen uns dazu, dies oder jenes zu tun, und die Tage, Monate, Jahre vergehen, ohne dass wir etwas ausgerichtet haben. Die Tibeter lehren uns, dass wir uns nicht von Äußerlichkeiten täuschen lassen sollen. Was wir im Bardo antreffen, mag auf den ersten Blick wunderschön aussehen, kann unter der Oberfläche aber zerstörerisch sein. Oder wir treffen vielleicht auf eine »zornige Gottheit«, die uns ganz schrecklich vorkommt, uns aber in Wirklichkeit helfen will. Wir lassen uns ständig von Äußerlichkeiten leiten. Wir gehen durchs Leben und werden von diesem oder jenem angezogen: einem Erlebnis, einem Menschen, einem Ort, einer Gruppe, einer guten Sache, einem spirituellen Weg, einem Lehrer, einer Lehre, einem Glaubenssystem etc. Wir verlieren uns im Anschein, in dem Glauben, dass diese Person, dieser Ort oder diese Sache uns die Liebe, die Wahrheit, den Weg, unsere Rettung bringt.

*Energieräuber*

Ganz gleich, wie viel Erfahrung Sie mit dem Prinzip der Energieerhaltung aus dem Kapitel »Grenzen setzen und Energie erhalten« gesammelt haben, Sie werden bemerken, dass Sie immer wieder in Situationen geraten, die Ihnen Energie abziehen. Dies ist ein Teil der menschlichen Erfahrung. Sie werden sich immer wieder von Menschen oder Ereignissen überwältigt fühlen. Ohne Zweifel haben Sie in Ihrem Leben schon einiges an Energie an viele Menschen wie Eltern, Partner, Lehrer, Vorgesetzte oder Freunde verloren. Je mehr Sie daran arbeiten, Ihre Energie zu erhalten, umso leichter werden Sie feststellen können, wann Ihnen Energie entzogen wurde und wann Sie sie wieder zurückholen müssen. Sie merken dann vielleicht auch, wie wenig Energie Sie gewöhnlich für sich selbst aufsparen. Sie werden mit der Zeit geübter darin, sicher durch den »Bardo des Lebens« mit all seinen schrecklichen und seinen schönen Erfahrungen, seinen Sorgen und seinen Freuden zu steuern. Es wird Ihnen auch leichter fallen zu sagen: »In diesem Falle entscheide ich mich dafür, anderen etwas von mir zu geben, meine Energie mit ihnen zu teilen und auszutauschen. Und in jenem Falle entscheide ich mich dafür, mich zurückzuziehen, meine Energie zurückzunehmen und sie einzufordern.«

Lesen Sie die folgende Übung einmal ganz durch und probieren Sie sie dann selbst aus.

Denken Sie an eine Person in Ihrem Leben aus der Vergangenheit oder Gegenwart, die Ihnen Energie entzogen bzw. Ihnen ihren Willen aufgedrängt hat. Es ist einfacher, mit jemandem zu beginnen, der Ihnen immer mal wieder Energie abzieht, zum Beispiel ein Kollege, ein Lehrer, ein langjähriger Freund. Sie können sich langsam zu tief gehenden und alten Energieverlusten an andere vorarbeiten, wie etwa einem Elternteil, der stark mit sich selbst beschäftigt war und den Sie mit Ihrer Lebensenergie genährt und unterstützt haben, oder einem engen Freund oder Partner, der Sie betrogen hat, einem spirituellen Lehrer, der seine

Macht missbraucht hat etc. Die Übung kann Ihnen dabei helfen, jene tiefen, alten Wunden zu heilen, die Sie immer noch viel Energie kosten. Am hilfreichsten ist es auf dieser Ebene der Bewusstseinsarbeit jedoch, wenn Sie die Übungen in Anwesenheit und mit Unterstützung eines Freundes oder Heilers machen.

Sich die Energie von anderen zurückholen

*Ziehen Sie die Linie aus goldenem Licht um sich herum. Spüren Sie Ihre eigenen Grenzen, die Energie, die sich durch Sie hindurchbewegt. Verbringen Sie eine Weile allein mit sich selbst. Stellen Sie sich dann die Person vor, die Ihnen Energie entzogen hat oder noch immer entzieht, oder denken Sie an sie. Nehmen Sie wahr, was dann passiert. Sobald Sie an den- oder diejenige denken, werden Sie eine Reaktion in Ihrem Energiefeld spüren. Was geschieht dabei genau? Ist es eine emotionale Reaktion, ist es Angst, Ärger oder Kummer? Ist es eine körperliche Reaktion? Einige Menschen nehmen einen regelrechten Sog wahr, so als wäre der andere Mensch ein Magnet. Es kann sein, dass sich die Linie um Ihren Körper herum auflöst. Es kann auch sein, dass Sie einen Energieverlust spüren, vielleicht über den Solarplexus. Nehmen Sie Ihre Reaktion einfach nur wahr. Bleiben Sie eine Weile lang in diesem Zustand.*

*Kommen Sie dann mit Ihrem Bewusstsein wieder zu sich selbst zurück, ziehen Sie gedanklich die Linie aus goldenem Licht um Ihren Körper herum, atmen Sie einmal tief durch, nehmen Sie Ihre eigene Energie wahr. Üben Sie, die Gedanken an den anderen Menschen an sich heranzulassen und sie auch wieder wegzuschicken. Wenn Sie ein gutes Vorstellungsvermögen haben, können Sie Ihre Augen schließen, die Person vor Ihrem inneren Auge sehen und ihr dann dabei zusehen, wie sie sich in eine Wolke aus goldenem Licht zurückzieht. Sie können es sich auch einfach nur vorstellen, es fühlen. Sagen Sie zu sich selbst, dass es wirklich passiert: »Das Bild von X zieht sich ins Licht zurück und wird von ihm vollständig aufgenommen.«*

*Probieren Sie einmal, dem entsprechenden Menschen eine Bezeichnung anstelle eines Namens zu geben, wie etwa: »der Kollege« oder »der Lehrer«. Beobachten Sie, ob das Ihre energetische Reaktion abschwächt oder verstärkt. Verlieren Sie nicht den Mut, wenn Sie Schwierigkeiten haben, sich vorzustellen, dass der- oder diejenige sich ins Licht zurückzieht. Üben Sie es einfach immer wieder.*

*Im nächsten Schritt denken Sie an die konkrete Person. Nehmen Sie Ihre Reaktionen wahr, ziehen Sie die Linie aus goldenem Licht um sich herum und stellen Sie sich vor, dass Ihre Energie wie eine Welle zu dieser Person fließt. Nehmen Sie den Sog wahr. Dann stellen Sie sich vor, wie Sie Ihre Energie langsam und ganz vorsichtig wieder zurückholen, wie ein Fischer, der sein Netz einholt. Gehen Sie dabei ganz behutsam vor und verlieren Sie nicht die Geduld. Spüren Sie, wie Ihre Energie wieder zu Ihnen zurückkehrt. Ziehen Sie sie direkt in Ihren Solarplexus hinein. Spüren Sie sie als Wärme, als Licht zu sich zurückfließen. Nehmen Sie sie auf, nehmen Sie wahr, wie sie in Ihnen zirkuliert. Und nun stellen Sie sich den anderen vor, wie er sich ins Licht zurückzieht und vollständig von ihm aufgenommen wird.*

Sie brauchen für den betreffenden Menschen keine guten, freundlichen und liebevollen Gefühle zu hegen. Sie dürfen immer noch wütend, ängstlich oder angespannt sein. In dieser Übung geht es nicht darum, Ihre Gefühle gegenüber dem anderen Menschen zu verändern. Es geht darum, dass Sie sich selbst helfen, Ihre Energie von der des anderen zu trennen. Das Wichtigste dabei ist, dass Sie Ihre Aufmerksamkeit immer wieder auf Ihre eigene Energie richten, sich darauf konzentrieren, sie zurückzuholen, wahrzunehmen, wie Ihr Energiepegel steigt, und die Energie dann auch wirklich in sich aufzunehmen.

Falls Sie nach der Übung noch immer von der Anwesenheit der anderen Person irritiert sind, machen Sie sich klar, dass Sie ein wenig Übung brauchen. Seien Sie geduldig und geben Sie sich Zeit. Wenn allein die Vorstellung der Gegenwart dieses Menschen Ihre Energie derart durcheinander bringt, dann bedenken Sie nur einmal, was die reale Anwesenheit dieses Menschen mit Ihnen anrichtet! Wenn Sie weiterüben, wird es Ihnen immer leichter fallen, Ihre Energie zurückzuholen und von der anderer Menschen zu trennen. Mit der Zeit werden Sie das sogar in Anwesenheit der betreffenden Person tun können. Diese Übung kann auf Situationen, Ereignisse, Gruppen von Menschen und sogar auf Orte angewandt werden.

*Sich von der Energie des anderen lösen*

Viele buddhistische Meditationen zielen darauf ab, sowohl Mitgefühl für andere als auch Abstand zu ihnen zu entwickeln. Dies mögen scheinbar widersprüchliche Haltungen sein, aber in Wirklichkeit fließt das Mitgefühl viel leichter, wenn ein gewisser Abstand zu anderen gewahrt bleibt. Wenn Sie lernen, sich Ihre Energie zurückzuholen, sie im wahrsten Sinne des Wortes von der Energie eines anderen »abzulösen«, bedeutet das nicht, dass Sie diese Person deswegen in Zukunft lieber mögen. Sie werden vielleicht aber mehr Mitgefühl für sie empfinden und eher in der Lage sein, die Zusammenhänge zu sehen, die ihr Leben prägen. Sie sind dann vielleicht im Stande, diesem Menschen energetisch folgende Botschaft zu übermitteln: »Ich wünsche dir Gutes, auch wenn ich es vorziehe, mich nicht mit deiner Energie zu verstricken.« So wie Sie auf Ihre eigene Energie aufpassen, auf eine neue Art sensibler werden für ihre Hochs und Tiefs, werden Sie wahrscheinlich auch ein größeres Mitgefühl für sich selbst entwickeln und den natürlichen Wunsch, auf sich selbst Acht zu geben.

Mitgefühl und Abstand sind zwei geistige Zustände, die uns dabei helfen, unseren Weg durch unseren momentanen Bardo zu finden. Die meisten Menschen, die ich treffe, sind extrem mitfühlend. Sie nehmen das Leiden anderer wahr und sind sich der Wunden der Welt schmerzlich bewusst. Wie dem auch sei, Abstand ist für sie oft ein Fremdwort. Die Arbeit mit der Energie des Ablösens gleicht dieses intensive Mitgefühl aus und gibt ihnen einen festeren Stand in dieser Welt.

Keine der Übungen muss haargenau so ausgeführt werden, wie ich sie beschrieben habe. Lesen Sie sie durch, probieren Sie sie aus, schauen Sie, wohin sie Sie führen. Sie werden merken, dass Sie eine Übung allein schon beim Durchlesen auf einer bestimmten inneren Ebene vollziehen. Sie finden vielleicht sogar heraus, dass sich Ihre Energie allein durch die Lektüre dieses Buches vergrößert! Energie ist geheimnisvoll und wunderbar. Ihre Möglichkeiten sind grenzenlos.

# Anderen ihre Energie zurückgeben

In der japanischen Kampfkunst Aikido lernt man, sich zu verteidigen, indem man dem Gegner die Energie seines Angriffs zurückgibt. Das Ziel dieser Kampfkunst besteht nicht darin, zu verletzen, zu gewinnen oder zu überwältigen, sondern sich zu schützen, indem man in Harmonie mit dem Fluss der Energie bleibt. Einfach nur im richtigen Moment aus dem Weg zu gehen kann den Angreifenden schon zu Fall bringen.

Dieses Konzept kann bei vielen Gelegenheiten angewandt werden. Wir alle erleben hin und wieder emotionale oder mentale Angriffe. Manchmal geschehen sie absichtlich: Ein anderer missbraucht, verletzt oder betrügt uns. Zuweilen tragen andere Menschen aber auch nur viel negative Energie mit sich herum, die sie wahllos verteilen. Wir nehmen diese Energie dann auf und erleben sie als Angriff oder einen Eingriff in unser Leben. Sensible Menschen lernen oft schon in der Kindheit, unbewusst die negative Energie anderer aufzunehmen. Ein Kind nimmt den unbewussten Kummer, die Angst oder den Ärger eines Elternteils auf und trägt ihn mit sich herum. Dadurch wird seine eigene Energie belastet. Als Erwachsener kann dieser Mensch die Schwere all dessen, was er sein ganzes Leben lang aufgenommen hat und doch nicht benennen kann, förmlich spüren. Deswegen ist es wichtig zu lernen, wie man anderen negative Energie zurückgeben kann bzw. wie man sie gar nicht erst aufnimmt.

*Unbewusst negative Energie aufnehmen*

*Fangen wir mit einer einfachen Situation an. Sie telefonieren mit Ihrem Vater, Ihrer Mutter, Ihrer Schwester, Ihrem Nachbarn oder Ihrem Chef. Suchen Sie sich eine bestimmte Person aus. Wir nennen sie hier einmal X. Person X hält sich an irgendetwas auf, spricht immer wieder davon. Stellen Sie sich einfach eine beliebige Situation vor. Im Verlauf des Gesprächs, in dem X die meiste Zeit über redet, werden Sie langsam müde. X ist ängstlich, wütend, besorgt. Ihnen wird bewusst, dass Sie etwas dagegen unternehmen sollten. Sie versuchen es. Sie hören zu, Sie machen hier und da einen Vorschlag, aber Sie spüren, dass Sie den anderen gar nicht erreichen. Lösen Sie sich in Gedanken von dem Gespräch, atmen Sie tief durch, ziehen Sie die Linie aus goldenem Licht um sich herum – eine Vorgehensweise, die Ihnen nun schon geläufig ist – und denken Sie: »Das ist dein Ärger (dein Kummer, dein Schmerz, deine Angst), nicht meiner! Ich gebe ihn dir zurück und bete dafür, dass du Hilfe, Licht und die Kraft finden mögest, damit umzugehen. Ich werde dir auf jede mir mögliche Weise helfen, aber dies ist deine Energie, nicht meine!«*

Energie zurückgeben – sich vor negativen Energien schützen

*Stellen Sie sich anschließend vor, dass die Person von goldenem Licht umgeben wird. Wenn er oder sie einer bestimmten Religion angehört oder einen bestimmten spirituellen Weg verfolgt, so stellen Sie sich einen Heiligen oder eine Gottheit, einen Helfer oder Lehrer dieses Weges an seiner Seite vor, der ihm hilft. Kehren Sie dann zu dem Gespräch zurück, aber wenden Sie sich auch wieder ab, sooft es nötig sein sollte.*

Es ist wirklich einfach und darum umso erstaunlicher, wie oft Menschen sich schuldig fühlen, wenn sie sich abgrenzen, so als würden sie dem anderen Leid zufügen, wenn sie ihm seine Energie zurückgeben, als ob sie dazu verpflichtet wären, seine negative Energie aufzunehmen. Sie können viel effektiver helfen, wenn Sie die Energie anderer nicht aufnehmen, wenn Sie sich vergegenwärtigen, dass es größere Heilkräfte im Universum gibt, die ebenso Hilfe leisten können. Es hängt nicht alles von Ihnen ab!

Das ist nur ein Anfang. Dieses Prinzip anzuwenden ist kompliziert und erfordert ein hohes Maß an Kreativität. Man braucht viel Übung und eine besonders große Fertigkeit, um es bei körperlichen Angriffen anzuwenden. Auf der energetischen Ebene können Sie damit anfangen, indem Sie einfach über folgende Tatsache nachdenken: In vielen Situationen, die im Umgang mit anderen Menschen entstehen, haben Sie die freie Wahl. Sie müssen die negative Energie anderer Menschen oder äußerer Umstände nicht aufnehmen.

Es gibt noch einen völlig anderen Weg, Energie an andere zurückzugeben, der auf einer Meditationspraxis im tibetischen Buddhismus basiert und sich Tonglen nennt. Bei dieser Methode entscheidet man sich bewusst dafür, die Negativität, das Leiden anderer aufzunehmen und zu transformieren.

*Um auf diese Weise zu arbeiten, setzen Sie sich ruhig hin, folgen mit Ihrer Aufmerksamkeit Ihrem Atem und lassen Ihre Gedanken zur Ruhe kommen. Stellen Sie sich die Negativität auf der Welt oder in einer bestimmten Situ-*

*ation als eine dunkle Wolke vor. Atmen Sie diese ein, ziehen Sie sie in Ihr Herz hinein. Stellen Sie sich vor, dass sie sich in Licht verwandelt. Spüren Sie, wie sie sich verändert, nehmen Sie wahr, wie sich die Last auflöst, das Dunkel sich lichtet. Atmen Sie nun aus und geben Sie das Licht damit an die Welt zurück, wobei Sie sich wünschen, dass es weit reisen möge – zum Wohle aller Wesen.*

Tonglen – negative Energie umwandeln

Wenn die eine Technik Sie dazu anhält, die negative Energie zurückzugeben, warum sollte man sie dann andererseits bewusst aufnehmen? Wozu soll das gut sein? Es besteht ein großer Unterschied zwischen dem bewussten Aufnehmen von Negativität, mit dem Ziel, diese zu transformieren und als Licht zurückzusenden, und dem unbewussten Aufnehmen von negativer Energie und der Belastung durch sie. Es ist allerdings wichtig, verschiedene Techniken zur Auswahl zu haben. Was funktioniert für Sie? Was hilft Ihnen, ein bestimmtes Problem mit einem anderen Menschen zu lösen? Was bringt Ihnen mehr inneren Frieden? Sie müssen vielleicht lernen, dass Sie das Recht haben, die negative Energie eines anderen Menschen abzuweisen. Vielleicht wollen Sie aber auch spüren, dass Sie die Kraft haben, negative Energie zu transformieren. Es gibt keinen richtigen oder falschen Weg im Umgang mit Energie, keinen besseren oder schlechteren. Es geht darum, kreativ, flexibel und im Einklang mit der eigenen Energie auf die verschiedensten Situationen in Ihrem Leben zu antworten. Es geht darum, nicht von ihnen überwältigt zu werden.

## Energie gewinnen durch die freie Wahl

»Ich habe die Wahl.«
Sagen Sie sich diesen einfachen Satz immer wieder, morgens, mittags und abends. Zu erkennen, dass Sie die Wahl haben und die Verantwortung, die dies mit sich bringt, anzunehmen, verleiht Ihnen enorme Mengen an Energie. Dadurch werden tief sitzende alte Gefühle der Machtlosigkeit angesprochen. Sehr häufig wird uns durch unsere Kultur, unser Karma und unsere frühen Kindheitserfahrungen vermittelt, dass wir keine Wahl haben.

*Die Macht der Wahl*

Seien Sie sich der Macht Ihrer Wahl so oft wie nur irgend möglich bewusst und üben Sie sie aus. Sie entscheiden selbst, was Sie zum Frühstück essen, welchen Weg Sie zur Arbeit nehmen, was Sie am Abend unternehmen. Werden Sie sich bewusst, wie viele Wahlmöglichkeiten Sie haben. Nehmen Sie diese wahr.
Viele Menschen auf der Welt sind sehr eingeschränkt in ihren Wahlmöglichkeiten und sind dies im Laufe der Menschheitsgeschichte immer gewesen. Die meisten von uns tragen die unbewusste kollektive Erfahrung von Machtlosigkeit mit sich herum. Jahrhundertelang wurde unser Leben von anderen Menschen bestimmt. Unsere Rolle in der Gesellschaft, unser Lebenspartner, unsere Religion, unsere Werte wurden von anderen für uns bestimmt, von der Gesellschaft und der Familie. Gerade jetzt zerfallen viele dieser alten Institutionen, die das menschliche Leben einst definierten. Wir müssen uns unseren Partner selbst aussuchen, ebenso wie unseren Beruf, unsere Religion und unse-

re Werte. Häufig entziehen sich Menschen dieser Wahlmöglichkeit mit den Worten: »Ich weiß nicht, was ich tun *soll*«, »Ich weiß nicht, welchen Sinn mein Leben hat.«

Menschen verhalten sich nach außen hin oft wie Kinder, Sklaven, Soldaten oder wie Bürger einer längst vergangenen Epoche, als strenge Regeln noch ihr Leben diktierten. Sie warten auf Befehle, die sie befolgen können, suchen nach Regeln, Anweisungen und Antworten. Und das selbst dann, wenn ihr Leben ihnen nur wenige Einschränkungen auferlegt. Nehmen Sie wahr, was passiert, wenn Sie denken: »Ich habe die Wahl.« Häufig ist die erste Reaktion: »Ich will keine Wahl. Ich hasse es, Entscheidungen zu treffen.« Wenn Sie wirklich ehrlich zu sich selbst sind, wünschen Sie sich vielleicht, keine Wahl zu haben, und dass irgendjemand Ihnen einfach Ihre Entscheidungen abnimmt. Sich diese Reaktion einzugestehen, wenn sie auftritt, ist wichtig. Untersuchen Sie sie näher. Wünschen Sie sich wirklich, keine Wahl zu haben? Auch wenn es schwierig und anstrengend ist, eigene Entscheidungen zu treffen, auch wenn es Risikobereitschaft erfordert sowie Selbsterkenntnis und das Aufgeben von Kontrolle (weil Sie nie wissen können, was passieren wird) – ist Ihnen die eigene Wahl nicht doch lieber als ein Elternteil, eine Regierung oder eine religiöse Institution, die Ihnen vorschreibt, was zu tun ist?

Das Bewusstsein, die Wahl zu haben, und die Entscheidung, eine Wahl zu treffen statt sie zu vermeiden, ist ein wichtiger Schritt auf dem Weg des »Erwachsenwerdens«, sowohl für das individuelle als auch für das globale menschliche Bewusstsein. Unser Hang dazu, anderen die Schuld zuzuschieben und sie auf andere zu projizieren, nach Schuldigen und Rettern Ausschau zu halten, ist eine weit verbreitete menschliche Erfahrung.

Es ist hilfreich, sich bewusst zu machen, dass man seine Wahl immer innerhalb eines bestimmten Rahmens trifft, vor dem Hintergrund von persönlichen Lebenserfahrungen, Werten und Glaubenssystemen. Verbringen Sie einmal einen ganzen Tag damit, über Ihre Wertvorstellungen nachzudenken, über Ihre spirituellen Absichten, Ihre Glaubenssätze und über Ihre Ziele im Leben. Werden Sie sich darüber klar – auch schriftlich, wenn Sie wollen. Lassen Sie die innere Stimme nicht gelten, die Ihnen vielleicht sagt: »Ich weiß nicht, was meine Aufgabe ist, ich weiß nicht, warum ich hier bin.« Sie wissen ganz genau, warum Sie hier sind und was Sie darüber denken, worum es in Ihrem Leben geht. Bestätigen Sie sich selbst, dass Sie all das wissen, und lassen Sie es tief aus Ihrem Inneren aufsteigen – Ihr innerstes Empfinden darüber, was Sie von diesem Leben wollen, was Sie lernen und was Sie erleben möchten. Wollen Sie lieben, lernen, heilen, wachsen, dienen? Wollen Sie Ihr inneres Selbst zum Ausdruck bringen, eine sinnvolle Arbeit finden, Kinder haben? Wollen Sie Ihr Leben der Suche nach Gott widmen? Wollen Sie Musiker, Rechtsanwältin, Schauspielerin oder Koch sein? Wollen Sie Ihr Leben genießen? Dem Planeten Ihre Hilfe zukommen lassen? Nichts von alledem? Wollen Sie Berge besteigen oder lernen, sich zu entspannen? Die Möglichkeiten sind unbegrenzt. Wollen Sie das Leben in seiner Fülle erfahren, Sinn und Freude finden? Wollen Sie reisen, forschen, etwas Neues er-

*Eigene Wertvorstellungen und Wünsche anerkennen*

finden? Wollen Sie Bequemlichkeit, Behaglichkeit und Wärme erfahren? Wollen Sie eine Menge Geld verdienen? Wollen Sie all denen helfen, die leiden? Wollen Sie lernen, besser zu kommunizieren, und anderen dabei helfen, dies zu tun? Wollen Sie Gesundheit und Wohlergehen erfahren? Wollen Sie noch mehr, etwas so Einzigartiges und Persönliches, dass ein anderer es sich gar nicht vorstellen kann? Bewerten Sie Ihre Wünsche nicht. Lassen Sie sie einfach so sein, wie sie sind.

Nutzen Sie sie als Fundament, auf dem Sie Ihre täglichen Entscheidungen treffen. Fragen Sie sich, ob die Wahl, die Sie treffen – im Großen oder Kleinen – Ihre Visionen und Absichten im Leben unterstützt.

*Über das eigene Befinden selbst bestimmen*

Sie können viel Energie freisetzen, wenn Sie anerkennen, dass Sie die Wahl über Ihr inneres Befinden haben, darüber, wie Sie in einer beliebigen Situation reagieren. Sie können selbst wählen, was Sie denken und wie Sie sich fühlen. *Ihre innere Antwort sollte nicht von äußeren Umständen bestimmt werden.* Wenn Sie das verstanden haben, fangen Sie an, Ihre eigene Realität zu erschaffen.

Vielleicht kennen Sie beispielsweise jemanden, der Sie ständig verärgert. Wie sieht Ihre Wahl aus? Der Betreffende mag irritierend sein, aber nur Sie selbst können sich irritieren lassen. Wie können Sie Ihre Reaktion auf diesen Menschen verändern? Das nächste Mal, wenn Sie ihm begegnen, beginnen Sie damit, energetisch einen Schritt zurückzutreten, die Lichtlinie um sich herum zu ziehen und sich daran zu erinnern: »Ich kann selbst entscheiden, wie ich auf diesen Menschen reagiere.« Das bedeutet nicht, dass Sie dem anderen freundlich und liebevoll begegnen müssen. Sie können sich Ihre Energie zurückholen und dem Betreffenden die seine zurückgeben. Sie können nachspüren, was Sie brauchen, um mit ihm zu kommunizieren etc. Es gibt unzählige Möglichkeiten.

Viele Menschen fühlen sich von ihren eigenen Gemütszuständen überwältigt. Ihre Gefühle sind so stark, dass sie sich inmitten der tosenden Wellen ihrer Emotionen, in der sie überwältigenden Depression, Schuld, Sorge oder Wut nicht mehr wieder finden. Einige der in diesem Buch beschriebenen Methoden können der rettende Strohhalm sein, etwas, woran man sich festhalten kann, wenn die Gefühlswellen sich überschlagen, sie können einen Weg durch die verwirrende Komplexität menschlicher Emotionen bahnen. »Zur Ruhe kommen«, »Energie aus alten seelischen Mustern freisetzen«, »Energie durch Selbstausdruck freisetzen« – alle diese Übungen können Ihre Wahlmöglichkeiten vergrößern, wenn Sie nicht mehr wissen, wie Sie auf Ihre Gemütszustände reagieren sollen, und Sie davor bewahren, Energie zu verlieren, wenn Sie sich von Ihren Emotionen überwältigt fühlen. Sie müssen die Übungen nicht einmal praktizieren – nehmen Sie nur das Buch zur Hand, öffnen Sie es beim Kapitel »Zur Ruhe kommen« und lesen Sie es immer wieder, bis Sie Lust haben, die Übung zu machen. Dann machen Sie sie.

*Entscheidungen – auf das innere Wissen vertrauen*

Die kurze Bestätigung, die ständige Erinnerung an »Ich habe die Wahl« ist eines der wichtigsten Dinge, um Ihr Energieniveau anzuheben. Probieren Sie es aus! Atmen Sie ruhig ein und aus. Erlauben Sie dem Satz »Ich habe die Wahl« ganz in Ihr Bewusstsein einzudringen. Atmen Sie die Worte »Ich habe die Wahl« durch Ihren ganzen Körper.

Die eigene Wahl zu treffen bedeutet auch, Ihre Intuition, also Ihre Unterscheidungsfähigkeit, zu entwickeln. Es bedeutet, Ihrem inneren Wissen zu vertrauen. Unsere Erziehung ermutigt uns nicht dazu. Menschen verfangen sich in zwanghaft kreisenden Gedanken, wenn sie Entscheidungen fällen müssen. Sie versuchen wieder und wieder »eine Lösung zu finden«.

Wenn Sie eine Wahl treffen müssen, sollten Sie vielleicht zunächst das Kapitel »Gedanken sind Energie« lesen. Vielleicht ist es nötig, ein paar zwanghafte Gedankenmuster aufzulösen, einige Sorgen loszulassen, bevor Sie klar sehen und fühlen können. Hier nun eine Übung, die Ihnen helfen kann, Ihre Wahlmöglichkeiten spürbarer zu fühlen. Sie wird Ihnen mehr Bewusstsein verleihen; und Intuition ist Bewusstsein – ein Wissen, das seinen Ursprung jenseits des rationalen Verstandes hat, jenseits Ihrer Gefühle. Ein Wissen, das tief aus Ihrem inneren Selbst kommt.

Bewusstseinsmeditation zur freien Wahl

*Setzen Sie sich hin und atmen Sie ruhig ein und aus. Folgen Sie Ihrem Atem und tauchen Sie in einen meditativen Zustand ein – einfach, indem Sie den Fluss Ihres Atems beobachten und dabei bewusst wahrnehmen, was in Ihrem Verstand vor sich geht, ohne aber irgendetwas lenken zu wollen. Verbringen Sie ein paar Minuten in dieser Bewusstseinsmeditation, nehmen Sie die Gefühle in Ihrem Körper und die Gedanken in*

*Ihrem Kopf wahr. Legen Sie eine Absicht für diese Meditation fest: Bitten Sie um größere Bewusstheit für eine bevorstehende Entscheidung.*

*Legen Sie nun die Hände auf Ihre Knie, die Handflächen zeigen dabei nach oben. Werden Sie sich Ihres Atems und der zentralen Achse Ihres Körpers bewusst, Rückgrat, Brust und Becken. Lenken Sie Ihre ganze Aufmerksamkeit auf diesen Bereich, spüren Sie sich selbst vom Kopf bis hinunter zum Becken. Der Atem und die zentrale Achse Ihres Körpers sind Ihr Spiegel, er steht für Ihr Bewusstsein, das wahrnimmt, versteht und entscheidet.*

*Überlegen Sie sich dann zwei Alternativen Ihrer Entscheidung. Sollten Sie beispielsweise an diesem Abend ausgehen oder besser zu Hause bleiben? Legen Sie die eine Möglichkeit in die eine Hand (es ist dabei ganz gleich in welche) und die andere Möglichkeit in die andere Hand.*

*Lenken Sie jetzt Ihr Bewusstsein in die eine Hand. Wie steht es mit dieser Möglichkeit? Spüren Sie, wie Sie sie in der Hand halten, und versenken Sie sich in die Vorstellung von dieser Möglichkeit. Nutzen Sie dazu Ihre ganze schöpferische Kraft. Wie fühlt sich diese Alternative an? Stellen Sie sich vor, dass Sie sich dafür entscheiden. Nehmen Sie wahr, wie sich diese Wahl anfühlt, in Ihrem Körper, in Ihrer Vorstellung. Denken Sie nicht darüber nach, beobachten Sie einfach nur alle Gedanken, Fragen und Einsichten, die auftauchen.*

*Lösen Sie nun Ihre Aufmerksamkeit von dieser Hand, kehren Sie zu Ihrem Atem zurück, zu Ihrem zentralen Bewusstsein. Bewegen Sie sich innerlich zu Ihrer anderen Hand. Erspüren Sie die andere Möglichkeit. Versuchen Sie nicht, zu einer Entscheidung zu gelangen. Erleben Sie lediglich die verschiedenen Möglichkeiten. Ziehen Sie Ihre Aufmerksamkeit dann auch von dieser Hand zurück und konzentrieren Sie sich wieder auf das zentrale atmende Bewusstsein, das Sie sind. Erfahren Sie Ihr inneres Gegenüber, das Du, das alle Alternativen bereithält, die Ihnen zur Verfügung stehen. Bleiben Sie in diesem Bewusstseinszustand, die Wahl zu haben. Vielleicht wird Ihnen Ihre Entscheidung jetzt klar, vielleicht wissen Sie es aber immer noch nicht. Lassen Sie es, wie es ist. Es wird klar werden.*

*Wenn Sie wollen, können Sie Ihre Hände vor dem Herzen zusammenbringen. Spüren Sie, wie die Möglichkeiten zusammenfließen. Bitten Sie darum, dass Ihre Entscheidung – wie auch immer sie ausfällt – zu Ihrem Besten sein möge, dass sie Ihr Wachstum und Ihr Leben unterstützen möge.*

Diese Übung kann auch ausgeführt werden, wenn Sie sich erst einmal bewusst machen müssen, dass Sie die Möglichkeit der Wahl überhaupt haben. Vielleicht fühlen Sie sich von Kummer, Angst oder Wut überwältigt. Denken Sie einen Augenblick lang darüber nach. Zu welchem Gefühl könnten Sie sich stattdessen entschließen? Freude, Frieden, Akzeptanz, Losgelöstheit, Liebe zu sich selbst?

Gehen Sie wieder genauso vor wie oben beschrieben. Nehmen Sie eines der Gefühle in die eine Hand und ein anderes in die andere. Sie können beispielsweise wählen zwischen Wut oder Akzeptanz, Sorgen oder Freude, Anhaften oder Loslassen, Angst oder Liebe. Atmen Sie ruhig ein und aus, gehen Sie ganz in Ihre Gefühle hinein und lösen Sie sich auch wieder von Ihnen. Erinnern Sie sich an Zeiten, in denen Sie Liebe, Freude, Akzeptanz und das Gefühl der Losgelöstheit empfunden haben. Nutzen Sie diese Erinnerung, um wieder in dieses Gefühl einzutauchen. Kehren Sie immer wieder zu Ihrem Atem zurück, dem zentralen Bewusstsein. Nehmen Sie wahr, wie es sich anfühlt, in die

Gefühle hineinzugehen und sich wieder von ihnen zu lösen. Beobachten Sie, wo Sie feststecken. Nehmen Sie das Selbst wahr, die liebevolle Bewusstheit, die all diese Gefühle in Ihnen bereithält, die sowohl Freude als auch Kummer erfährt, die größer als Zorn oder Heiterkeit ist, die immer bei Ihnen ist.

Viele Menschen fragen sich, was sie am Zustand der heutigen Welt verändern können. Darauf gibt es mindestens eine einfache Antwort: Erkennen Sie in Ihrem eigenen Leben in jedem Augenblick die Entscheidungsmöglichkeiten, die Sie haben, würdigen Sie die Macht Ihrer Entscheidungsfähigkeit, überdenken Sie die Konsequenzen Ihrer Entscheidungen gewissenhaft und übernehmen Sie die Verantwortung für Ihre Entscheidungen. Je mehr Menschen auf diesem Planeten so handeln, umso besser für ihn.

*Die Macht der Entscheidungsfähigkeit nutzen*

Ein niedriges Energieniveau entspricht einem Gefühl der Machtlosigkeit. Je öfter Sie die Macht Ihrer Entscheidungsfähigkeit erfahren, umso mehr Energie werden Sie haben.

## Bewusstsein ist Energie

In dem bekannten Kinofilm »Und täglich grüßt das Murmeltier« durchlebt der Held denselben Tag immer wieder aufs Neue – bis er schließlich alles richtig macht. In einer bestimmten Szene geht er einfach nur eine Straße entlang, in Gedanken versunken. Er stolpert über ein Loch im Bürgersteig. Am nächsten Tag, der lediglich die Wiederholung des Vortags ist, passiert ihm das Gleiche wieder. Wir wissen, dass er weiß, dass da ein Loch ist. Wir beobachten ihn dabei, wie er wieder und wieder über dieses Loch stolpert. Beim vierten oder fünften Mal an diesem Tag schafft er es endlich: Er geht um das Loch herum.

Es kostet uns eine Menge Energie, in altbekannte Löcher zu fallen und wieder aus ihnen herauszuklettern. Es scheint nahezu unmöglich zu sein, sie auf sich zukommen zu sehen und sie zu umgehen. Manchmal verbringen wir Jahre in einem einzigen Loch und klettern dann schließlich heraus, nur um gleich wieder hineinzufallen. Dieses Hineinfallen, Festsitzen und Wiederherausklettern raubt uns immens viel Energie. Darum ist es so wichtig, dass wir ein Bewusstsein dafür entwickeln, wie wir unsere Energie bewahren und nutzen können.

Das Bewusstsein ist der Anteil in uns, der weiß, denkt, spürt, wahrnimmt, sich erinnert, auswählt, tagträumt und empfindet. Im westlichen Denken wird dieses Bewusstsein von alters her im Gehirn angesiedelt, doch moderne Wissenschaftler sind derzeit dem auf der Spur, was in alten Kulturen schon seit langer Zeit bekannt ist: Es gibt ein Bewusstsein, das den gesamten menschlichen Körper und jedes fühlende Wesen durchdringt. Unsere Zellen reagieren auf Visualisierung. Gebete und Musik beeinflussen das Wachstum von Pflanzen. In der modernen Physik wurde die Theorie aufgestellt, dass Phänomene auf subatomarer Ebene erst dann zur Realität werden, wenn man sie beobachtet. Auch viele Psychologen und Anthropologen haben die Macht der Beobachtung erkannt: Schon der bloße Akt des Beobachtens verändert bereits beobachtete Phänomene. Sobald wir beginnen, uns selbst zu beobachten, fangen wir an, uns zu verändern – etwas Neues entsteht.

*Bewusstsein durchdringt den menschlichen Körper*

Uns steht eine Fülle von Bewusstheit zur Verfügung. Die Fähigkeit des menschlichen Verstandes, wahrzunehmen, Zusammenhänge zu erfassen, Sachverhalte zu verstehen und Dinge zu kreieren, ist wirklich ehrfurchterweckend. Wir brauchen gar kein Bewusstsein zu »entwickeln«, wir müssen einfach nur den Zugang dazu finden. Meditation öffnet uns die Tür zu einem größeren Bewusstsein. Sie können dieses Bewusstsein mit Worten dazu einladen, zu Ihnen zu kommen, in Ihrem Leben Gestalt anzunehmen. Wenn wir etwas benennen, rufen wir seine Energie auf den Plan. Auf diesem Prinzip beruht die seit alters praktizierte Methode der Anrufung. Wir beginnen die nächste Meditationsübung mit einer Anrufung des Bewusstseins.

*Für diese Bewusstseinsmeditation setzen Sie sich zunächst ruhig und bequem hin. Sprechen Sie einige Worte Ihrer Wahl mit lauter Stimme aus, um Ihr*

*Bewusstsein anzurufen: »Ich lade das Bewusstsein jetzt ein, zu mir zu kommen«, »Ich bitte um mehr Bewusstheit in meinem Leben und in meinen Beziehungen zu anderen Menschen.« Wählen Sie die Worte aus, die sich für Sie richtig anfühlen. Atmen Sie ein paarmal tief durch und erlauben Sie Ihrem Atem dann, sich auf einen normalen Rhythmus einzustimmen. Werden Sie sich Ihrer selbst bewusst.*

Meditation zur Anrufung des Bewusstseins

*Beginnen Sie damit, indem Sie den Atem durch Ihre Nase ein- und ausströmen fühlen. Identifizieren Sie sich mit Ihrem Atem. Sagen Sie sich in Gedanken: »Atmen.«*

*Werden Sie sich Ihres Verstandes bewusst, der den Atem wahrnimmt. »Wahrnehmen.« Erlauben Sie Ihren Gedanken, durch Ihren ganzen Körper zu reisen und dabei alle Empfindungen in jedem Teil Ihres Körpers wahrzunehmen. Benennen Sie sie. »Kribbeln«, »Schmerz«, »Anspannung«. Werden Sie sich Ihres Verstandes bewusst, der Ihre Empfindungen wahrnimmt. Falls Ihre Aufmerksamkeit nachlässt und Sie anfangen, Tagträumen nachzuhängen, oder sich in Gedanken über die Vergangenheit oder Zukunft verlieren, so nehmen Sie dies einfach nur zur Kenntnis. »Tagträumen«, »Planen«.*

*Zwingen Sie Ihre Gedanken nicht in die Aufmerksamkeit zurück, sie schweifen von selbst ab und kehren auch ganz von selbst wieder zurück. Werden Sie sich des Wanderns Ihrer Gedanken in viele unterschiedliche emotionale, handlungsorientierte und bewertende Zustände hinein und wieder aus ihnen heraus gewahr. Beobachten Sie, dass Sie sich unabhängig davon, wie fest Sie sich dazu entschließen, aufmerksam zu sein, in einer Welt voller Fantasien, Gedanken und Gefühle wiederfinden. Das ist eine natürliche Reaktion des Verstandes. Indem wir uns in Aufmerksamkeit üben, werden wir bewusster.*

Diese Übung fördert auch Ihre Entscheidungsfähigkeit, denn Sie entschließen sich immer wieder dazu, an einen inneren Ort der Bewusstheit zurückzukehren.

Nehmen Sie wahr, wie Ihr Bewusstseinsfeld sich erweitert und sensibilisiert. Sie sind sich zur gleichen Zeit der Geräusche von außen bewusst, nehmen die Empfindungen in Ihrem Körper und die Gedanken in Ihrem Kopf wahr. Sie sind sich bewusst, dass Sie sich bewusst sind. Diese Meditation öffnet Ihnen die Tür zu Ihrem Selbst und dem unermesslich großen Universum in Ihrem Inneren.

Machen Sie die Übung so lange Sie wollen, indem Sie ruhig ein- und ausatmen. Sie können sie jeden Tag eine bestimmte Zeit lang praktizieren, zumindest aber für einige Minuten im Laufe des Tages.

Häufig verlieren Menschen beim Meditieren Energie, weil sie der Meditation gegenüber eine gespannte Haltung entwickeln. Zwingen Sie sich nicht zu etwas. Diese Meditation kann Ihnen ungeheure Mengen an Energie zuführen, wenn Sie täglich nur für einige Minuten innehalten, kurz Ihre Augen schließen und sich mit Ihrem Bewusstsein verbinden.

Diese grundlegende Übung, die methodisch aus der Tradition der buddhistischen Vipassana- oder Einsichtsmeditation stammt, kann Sie auch auf eine andere Ebene der Bewusstseinsmeditation führen: zur *Praxis der Selbstbefragung,* einer gängigen Technik in vielen spirituellen Traditionen. Während Sie meditieren und ein erweitertes Bewusstsein erfahren, wird ganz von selbst die Frage »Wer ist es, der all dies erlebt?« auftauchen.

Dahinter verbirgt sich ein großes Geheimnis. Wer bin ich? Was ist es, das denkt, fühlt, wahrnimmt und hört? Beim Meditieren über diese Frage erweitert sich die Wahrnehmung des eigenen Selbst. Ein Gefühl der Weite durchdringt den Verstand. Man beginnt zu erkennen, dass man – was auch immer man sein mag – mehr ist als Gedanken, Gefühle, körperliche Wahrnehmungen, Hoffnungen und Ängste, Vorlieben und Abneigungen.

*Die Praxis der Selbstbefragung*

Diese Weite ist ein zusätzlicher Schlüssel zur Steigerung der eigenen Energie. Viele Menschen fühlen sich heutzutage überfordert: von anderen Menschen, von den Anforderungen des täglichen Lebens, von ihrem inneren Gemütszustand. Die Selbstbefragung erlaubt es, sich von Zeit zu Zeit von alledem zurückzuziehen und in einen größeren inneren Raum einzutauchen, in den Raum des Bewusstseins.

Die *Praxis der Selbstbefragung* fordert die elementare Kenntnis unseres Selbst heraus. Wir verlieren eine Menge Energie durch Befangenheit, indem wir uns fragen, was andere wohl über uns denken mögen, indem wir uns mit anderen vergleichen und uns selbst beurteilen. Unsere grundlegende Vorstellung davon, was das Selbst überhaupt ist, zu hinterfragen, und sie von verschiedenen Seiten zu untersuchen, löst bereits einige der festgefahrenen Gewohnheiten der Selbstbewertung auf. In dieser Meditation kommt es darauf an, dass Sie nicht versuchen, eine Antwort zu finden.

*Sitzen Sie einfach nur still da, folgen Sie Ihrem Atem, nehmen Sie alle Empfindungen wahr und erlauben Sie Ihrer Aufmerksamkeit dann, sich von Ihren Gefühlen zu lösen und sich der Frage »Wer bin ich?« zuzuwenden. »Bin ich diese Person, dieser Körper, diese Ansammlung von Erfahrungen? Bin ich mein Verstand, mein Bewusstsein, meine Vergangenheit, meine Zukunft? Bin ich meine Gedanken und Gefühle? Bin ich, was ich tue? Bin ich Geist, Gott, Seele?« Sie werden Ihre eigenen Wege in diese Frage hinein- und durch sie hindurchfinden. Sie wird wachsen und immer mehr Raum einatmen, sie wird zu Ihrem Spiegel werden und auf Sie zurückstrahlen, sie wird Sie tiefer in Ihr Selbst führen. Aus dieser Entdeckungsreise erwächst eine ungeheure Energie, eine Freiheit, ein Frieden – solange Sie nicht nach einer Antwort suchen!*

Bewusstseinserweiterung durch Selbstbefragung

*Allein schon durch die Fragestellung ergeben sich viele Einsichten und Erkenntnisse, die Ihnen Energie spenden werden. Die Antwort schlechthin finden zu wollen wird Sie jedoch frustrieren. Wir verlieren auch sehr viel Energie bei dem Versuch, etwas Bestimmtes, ein klar definiertes, einheitliches Selbst, sein zu wollen. Je länger Sie Ihr Selbst erforschen, umso mehr werden Sie entdecken, dass es multidimensional, widersprüchlich, wunderbar unbegrenzt in all seinen Variationen, Stimmungen, Gedanken und Gefühlen ist und sich ständig verändert.*

*Beenden Sie die Meditation mit dem Gedanken »Ich erweise diesem Selbst die Ehre«. Atmen Sie diesen Gedanken tief in Ihren Körper, in Ihr Herz, ein. Spüren Sie, wie die Energie dieser Ehrerbietung Sie durch und durch nährt.*

In unserer modernen Welt haben wir eine unglaubliche Fähigkeit darin erlangt, unsere Gefühle und Erfahrungen immer wieder zu verleugnen. Sie ist im Grunde ein Abwehrmechanismus gegen das Leben in einer schier überwältigenden Welt voller schmerzhafter Erfahrungen, einer Welt der Verwirrung und Fehlfunktion. Die meisten von uns lernen sehr früh in ihrem Leben, sich zu distanzieren – in der Familie, in der Schule oder in ihrem Beruf. Oft spüren wir nicht einmal, wie niedrig unser Energieniveau ist, bis wir schließlich krank werden. Dann heißt es: »Nun gut, wahrscheinlich will mir mein Körper auf diese Weise etwas mitteilen.« Meditation ist ein hervorragender Weg, in sich selbst hineinzuhorchen und die inneren Botschaften zu empfangen, bevor sie eindringlich und schmerzhaft werden. Die einfache, oben beschriebene Bewusstseinsmeditation verbindet Sie mit Ihrem Selbst.

Eine Bestandsaufnahme des eigenen Befindens machen

*Wenn Sie sich angewöhnen, regelmäßig eine Bestandsaufnahme Ihres Befindens zu machen, werden Sie dadurch auch eine größere Bewusstheit erlangen, und es wird ihnen leichter fallen, mehr und mehr auf sich selbst zu hören. Dazu checken Sie sich selbst durch, nachdem Sie ein paar Augenblicke lang Ihren Atem wahrgenommen haben und in ein erweitertes Bewusstsein eingetaucht sind. »Wie geht es mir geistig, körperlich, emotional und spirituell?« Schätzen Sie Ihre Energie auf jedem dieser Gebiete auf einer Skala von eins bis zehn ein, wobei zehn für »voller Energie« steht und eins für »total ausgelaugt und erschöpft«. »Bin ich geistig in positiver Stimmung oder fühle ich mich müde und von negativen Gedanken überwältigt?« Auf der körperlichen Ebene können Sie detaillierter vorgehen und einzelne Körperteile gezielt unter die Lupe nehmen, zum Beispiel die verschiedenen Systeme wie das Verdauungssystem, die Fortpflanzungsorgane, den Blutkreislauf etc. Oder Sie schauen sich unterschiedliche Organe an.*

*Während Sie sich selbst auf diese Weise Aufmerksamkeit schenken, spüren Sie vielleicht schon, wie Ihre Energie ansteigt, oder Sie fühlen sich noch müder, da Sie sich bewusst werden, wie erschöpft Sie eigentlich sind. Bitte seien Sie sich darüber im Klaren, dass nicht die Bestandsaufnahme Sie müde macht. Sie bringt Sie lediglich mit Ihrer eigenen Erschöpfung in Berührung.*

*Machen Sie das Gleiche mit Ihren Gefühlen: Was haben Sie vor wenigen Augenblicken gefühlt bzw. fühlen Sie jetzt? Und wie steht es um Ihre spirituelle Energie? Ist sie im Fluss? Spüren Sie Ihre Verbindung zu dem geistigen Wesen, zu einem Bewusstsein, das größer ist als Sie selbst, welche Form auch immer es für Sie annehmen mag?*

Wenn Sie die Bestandsaufnahme einmal gemacht haben, sollten Sie natürlich auch entsprechend darauf reagieren. Der Sinn dieser Übung liegt nicht darin, Sie zu deprimieren oder zu entmutigen, sondern Ihnen mehr Bewusstheit zu geben. »Meine geistige Energie ist ausgesprochen niedrig, ich muss mich unbedingt ausruhen und ein paar beruhigende Übungen machen«, »Mein Verdauungssystem ist wirklich total durcheinander, ich sollte doch ein wenig auf meine Ernährung achten«, »Ich fühle mich körperlich wirklich großartig. Heute ist ein guter Tag, um all das zu erledigen, was ich schon seit langem gemacht haben wollte.« Es ist viel schwieriger, sich selbst gegenüber unachtsam zu werden, wenn man auf diese Weise regelmäßig eine Bestandsaufnahme macht. Sie ist eine Möglichkeit, sich selbst Anerkennung zukommen zu lassen – ein praktischer Weg, sich selbst zu lieben. Häufig wird uns empfohlen, uns selbst zu lieben, und wir haben nicht den blassesten Schimmer, wie wir das anfangen sollen. Sich selbst unter verschiedenen Gesichtspunkten regelmäßig durchzuchecken, ist ein Anfang. Es ist eine Liebenswürdigkeit sich selbst gegenüber. Diese Bestandsaufnahme erlaubt Ihnen, sich selbst zu fragen, wie es Ihnen geht, und den Antworten zu lauschen.

# Gedanken sind Energie

Ihre Gedanken können Ihnen Energie zuführen oder auch rauben. Wie Sie es bereits aus der Übung *»Ich bin Energie«* kennen, stellen Sie sich vor, einfach nur Energie zu sein. Schließen Sie Ihre Augen und spüren Sie den Fluss und den Tanz dieser Energie. Stellen Sie sich vor, dass alle Gegenstände um Sie herum vor Energie nur so pulsieren und schwingen. Denken Sie dabei: »Ich bin reine Energie.«

Wenn Sie dies oft genug in Gedanken tun, werden Sie sich selbst auch so fühlen. Wenn Sie denken: »Ich habe keine Energie«, werden Sie genau das erleben. Es ist unmöglich, keine Energie zu haben! Vergessen Sie nicht, dass Sie Energie nicht »haben« oder »nicht haben« können. Sie sind Energie und sind von ihr umgeben. Wenn Sie hingegen denken: »Ich bin Energie, alles ist Energie und ich werde von der Energie des gesamten Universums unterstützt«, dann werden Sie sich auch energiegeladener fühlen. Versuchen Sie es einmal. Wenn Sie sich das nächste Mal müde, gestresst und völlig vereinnahmt fühlen, dann verfallen Sie nicht den Gedanken: »Das halte ich nicht aus! Ich bin so müde. Ich habe nie Zeit. Ich habe nie genügend Energie.« Versuchen Sie lieber, Folgendes zu denken: »Ich bin so müde, aber ich habe noch so viel zu tun. Ich sollte mir fünf Minuten Zeit nehmen, um mich hinzusetzen und mich daran zu erinnern, dass ich Energie bin, dass alles Energie ist. Ich brauche einfach ein paar Minuten, in denen ich ruhig atme und mich daran erinnere, dass jeder Atemzug Energie ist.«

In einigen spirituellen Traditionen wird gelehrt, dass das gesamte Universum aus dem Alphabet erstanden ist. Danach treffen die Buchstaben des Alphabets aufeinander, um Worte zu bilden. Diese Worte wiederum formen und definieren dann unsere Realität. Schon in der Schöpfungsgeschichte heißt es: »Am Anfang war das Wort.«

Unsere Worte, die Etikette, mit denen wir unsere Erfahrungen versehen, erschaffen und definieren unsere Welt zu einem großen Teil. Daher ist es sehr nützlich, einmal einen Tag lang nur damit zu verbringen, sich die eigenen Gedankenmuster anzuschauen: Welche Gedanken geben Ihnen Energie? Welche Gedanken machen Sie müde oder depressiv und kosten Sie Energie?

Finden Sie mindestens drei Verhaltensweisen heraus, wie Sie Ihre Energie durch Gedanken verschwenden oder verlieren. Vielleicht verfallen Sie in zwanghaftes Grübeln darüber, was Sie noch alles zu tun haben. Oder Sie verwenden viel Zeit darauf, darüber nachzudenken, was andere wohl von Ihnen halten. Vielleicht bewerten Sie sich auch häufig selbst. Erkennen Sie die Gedanken und Gedankenmuster, die sich ständig wiederholen und Ihnen Ihre Energie rauben. Schreiben Sie sie auf.

*Energie raubende Gedankenmuster*

Können Sie Energie raubende Gedanken in Energie spendende umwandeln? Es gibt viele Wege, an der Veränderung von Gedankenmustern zu arbeiten, die einem zur Gewohnheit geworden sind. Die Art Ihres Denkens umzugestalten unterscheidet sich erheblich von dem Versuch, »positiv zu denken«. Häufig endet der Versuch, einem beherrschenden negativen Gedankenmuster einen »positiven Gedanken« überzustülpen, in einem Gefühl von Frustration und Machtlosigkeit.

Die folgende Übung basiert auf Meditationen buddhistischer Herkunft. Der Buddhismus lehrt uns, dass alle Gedanken und auch alle Phänomene drei Phasen durchlaufen: Entstehung, Fortbestehen und Auflösung. Alles entsteht zu einem bestimmten Zeitpunkt, bleibt eine Zeit lang bestehen und vergeht dann wieder, löst sich auf. In der buddhistischen Meditationspraxis beobachtet man gewöhnlich einfach das Auftreten, das Verweilen und die Auflösung jedes Gedankens. Diese Übung versetzt Sie in die Lage, aktiv an der Auflösung negativer Gedankenmuster zu arbeiten.

Negative Gedanken auflösen

*Setzen Sie sich ruhig hin und meditieren Sie über ein Gedankenmuster, das Sie als ein sich ständig wiederholendes erkannt haben. Fassen Sie es in ein paar einfachen Worten zusammen, erfassen Sie den Kern dieses Musters: »Ich kann nicht«, »Alle hassen mich«, »Ich werde niemals gut genug sein« usw. Stellen Sie sich nun vor, dass die Worte dieser Gedankenmuster in einer Fläche aus goldenem Licht zusammenfließen, so als würden sie sich auf einer Kinoleinwand in einiger Entfernung vor Ihnen befinden. Lassen Sie dann Wort für Wort in dem goldenen Licht verschwinden. Holen Sie die Worte wieder zurück und machen Sie das Gleiche Buchstabe für Buchstabe. Jeder Buchstabe löst sich in dem goldenen Licht auf. Auch diesen Vorgang können Sie entweder aktiv visualisieren oder sich selbst sagen, dass es geschieht: Ein Wort nach dem anderen verschwindet, ein Buchstabe nach dem anderen. Sie können sich vorstellen oder auch laut vorsprechen, was passiert. Das erfordert Zeit und Geduld. Vielleicht langweilen Sie sich dabei, was nur bedeutet, dass der Gedanke schon beginnt, seine Macht über Sie zu verlieren. Vielleicht beschließen Sie sogar, dass es eine Menge anderer Dinge gibt, die Sie lieber tun würden, als sich mit diesem einen Gedanken auseinander zu setzen. Fantastisch! Tun Sie es!*

Die Möglichkeiten sind unbegrenzt. Es gibt so viele Wege, Ihren Verstand von seinen alten gewohnten Mustern zu befreien und dadurch Energie freizusetzen. Sie können auch ein Bild für Ihr Gedankenmuster suchen. Viele Menschen sehen zum Beispiel zwanghafte Gedanken als Hamster in einem Laufrad. Verbringen Sie eine Zeit lang mit dem gewählten Bild, erkunden Sie es näher. Schauen Sie es sich aus der Entfernung an, wie auf der oben beschriebenen Kinoleinwand. Lassen Sie es dann in dem goldenen Licht verschwinden.

Vielleicht steigt bei der Auflösung des Gedankens auch ein bestimmtes Gefühl in Ihnen auf: Angst, Wut oder Schuld. Wenn Sie bei diesem Gefühl etwas länger verweilen, sind Sie vielleicht sogar in der Lage, das Gedankenmuster zu seiner Wurzel in Ihrer Kindheit zurückzuverfolgen, und können erkennen, wann Sie gelernt haben, so zu denken.

Wenn Sie Ihre Gedanken unter die Lupe nehmen, einen bestimmten Gedanken bis zu dem ihm zugrunde liegenden Muster verfolgen, bis zu dem mit ihm verbundenen Gefühl, wenn Sie in diesem Prozess bleiben, ruhig atmen, den Kern dieses Gedankens erkennen und ihn in dem goldenen Licht auflösen, dann können Sie die Erfahrung machen, dass nur noch Energie übrig bleibt. Sie werden die Energie an der Wurzel des Gedankens spüren und begreifen, wie viel Energie Sie das Erschaffen und Aufrechterhalten dieser komplexen Gedankenmuster kostet. Selbst wenn Sie nur einen Moment lang eine Lücke zwischen den Gedanken wahrnehmen, für einen Augenblick die reine Energie, die Auflösung des Gedankens spüren – in diesem einen Augenblick sind Sie mit der universellen Energie verbunden, mit der Energie der schöpferischen Lebenskraft vor dem »ersten Wort«.

*Die Lücke zwischen den Gedanken wahrnehmen*

Zwei der gängigsten negativen Gedankenmuster sind Sorgen und zwanghaftes Denken. Wenn Sie herausfinden, dass diese Muster Ihnen Energie rauben, dann gibt es zwei einfache Wege für Sie, sie zu verändern: Wenn Sie merken, dass Sie sich Sorgen machen, gestehen Sie sich zunächst einfach nur zu, dass Sie nicht anders können. Sie möchten, dass alles klappt, Sie wollen doch, dass es Ihren Freunden oder Ihren Lieben gut geht usw. Es gibt unzählige Dinge, um die man sich sorgen kann. Versuchen Sie doch einmal, diese Energie in ein Gebet zu legen. Ein sorgenvoller Gedanke taucht auf, Sie bemerken und erkennen ihn. Denken Sie sich dann: »Okay, ich mache mir Sorgen.« Atmen Sie tief durch und sehen Sie sich an, was mit Ihrer Energie geschieht, während Sie sich sorgen, und versuchen Sie dann stattdessen ein Gebet zu sprechen. Beten Sie zu wem oder was auch immer – zu einem Wesen oder einer Energie, die Sie als eine höhere Macht ansehen. Beten Sie um Hilfe, für das höchste Gut oder darum, ein bestimmtes Ziel zu erreichen. Wenn Sie sich um jemand anderes Sorgen machen, sprechen Sie ein Gebet, zünden Sie eine Kerze für diese Person an und hüllen Sie sie in Licht ein. Einige der ältesten und einfachsten Rituale im Erfahrungsschatz der Menschheit sind außerordentlich wirkungsvoll.

Alle negativen Gedankenmuster haben eine Tendenz zur Wiederholung. Das ist es, was Sie so energieraubend macht. Ein bestimmter Gedanke taucht auf, Sie reden ihn sich selbst wieder aus, fühlen sich für kurze Zeit besser, und schon ist er wieder da.

*Zwanghafte Gedanken wirksam verändern*

Die zwanghafte Natur negativer Gedankenmuster erzeugt ein Gefühl der Machtlosigkeit, diese wiederum erweckt in uns den Eindruck, zu wenig Energie zu haben. Ein Mantra ist eine altbewährte spirituelle Technik, die die Energie zwanghafter Gedanken überaus wirksam verändern kann. Traditionell ist ein Mantra ein heiliger Laut, ein heiliges Wort oder göttlicher Name. Es wird unzählige Male wiederholt. Der Sinn des Mantras besteht nicht nur darin, den Verstand zu beruhigen, sondern auch darin, ihn auf eine Schwingungsebene des Friedens und der Liebe einzustimmen. Zwanghaftes Denken ist wie eine verstimmte Gitarre. Ein Mantra hilft, den Verstand wieder zur Harmonie zurückzuführen. Bei dieser Art von obsessivem Denken wiederholt der Verstand einen bestimmten Gedanken immer wieder aufs Neue. Er ist also ganz offensichtlich in der Lage, diesen einen Gedanken wieder und wieder zu erzeugen. Warum lassen wir ihn dann nicht einen Gedanken wiederholen, der statt der Missklänge mit Harmonie erfüllt ist?

Es gibt Hunderte von Mantras. Seit alters her sagt man, dass ein

Mantra am besten wirkt, wenn man es von einem spirituellen Lehrer erhält. Dies mag in einigen Fällen zutreffen, in denen mit der Meditation ein bestimmtes Ziel verfolgt wird. Wenn Sie jedoch keinen solchen Lehrer haben und ein Mantra benutzen wollen, um Ihren Geist zu beruhigen, Ihre Energie zu verändern und den Verstand von den gewohnten Gedankenmustern zu befreien, dann schreiten Sie ruhig allein zur Sache.

Persönliche Mantras

*Wählen Sie ein Mantra (oder auch mehrere) aus, das Sie für passend halten, das Ihnen ein Gefühl des Friedens und der Harmonie vermittelt. Dann sprechen Sie es laut aus und wiederholen es viele Male. Ihr Verstand wird es aufnehmen. Es wird zu einem eigenständigen Rhythmus in der Tiefe Ihres Bewusstseins. Sie können Ihre Aufmerksamkeit mit der Zeit immer leichter auf dieses Mantra lenken, sobald ein negatives Gedankenmuster auftaucht.*

Ein gebräuchliches Mantra lautet einfach nur Om. In der hinduistischen Mythologie gilt es als der heiligste Laut, der Laut, der das ganze Universum enthält. Es ist das eine Wort am Anfang der Schöpfung. Mantras sind häufig auch Namen des Göttlichen, die ständig wiederholt werden: Jesus Christus; Maria, Mutter Gottes; Tara, Rama, Allah, Gott. In der tibetischen Tradition stimmt das buddhistische Mantra *Om Mani Padme Hum* das Bewusstsein auf einen Zustand der Gelassenheit und des

Mitgefühls ein. Die weibliche Gottheit Tara wird in Zeiten der Angst angerufen. Ihr Mantra lautet *Om Tara Tu Tara Ture Svaha.* Ein einzelnes Wort wie »Frieden«, »Liebe«, »Freude«, »Fülle« oder »Harmonie« kann zum Mantra werden. Ein großes Mantra in der hinduistischen Tradition ist *Om Namah Shivaya,* das in einigen Auslegungen als »Ich ehre den innewohnenden Gott« übersetzt wird. Das buddhistische Gebet »Mögen alle Wesen glücklich, friedvoll und frei von Leid sein« ist ein wundervolles Mantra, weil es die Energie von der Sorge um die persönlichen Probleme auf größere Zusammenhänge lenkt.

In diesen Übungen geht es nicht darum, bestimmte Gedanken »loszuwerden«, obwohl dies hier und da als ein Ziel der Meditation angesehen wird. Der Verstand bringt Gedanken hervor – das liegt in seiner Natur. In dem Maße, in dem Sie Ihr Bewusstsein erweitern, werden Sie feststellen, dass Sie die Fähigkeit haben, die Gedanken in Ihrem Verstand auszuwählen und sein Tempo zu verringern oder zu erhöhen. Unser Bewusstsein ist ein Musiker, und unser Verstand ist das Instrument, auf dem er spielt. Es kann so gestimmt werden, dass es eine andere Melodie spielt.
Das eigene Denken zu transformieren erfordert Ausdauer, Geduld und Verbindlichkeit sich selbst gegenüber. Dieser Weg ist eine weitere Möglichkeit, sich selbst zu lieben. Sie schenken sich Aufmerksamkeit, wenn Sie auf Ihre Gedanken achten, wenn Sie das Instrument Ihres Verstandes in die richtige Stimmlage bringen. Es ist ein Prozess, der Ihnen mit jedem Tag, mit jedem Moment Fortschritte bringt. Lassen Sie sich nicht entmutigen, wenn trotz Ihrer Bemühungen immer wieder negative Gedanken-

muster auftauchen. Instrumente müssen ständig neu gestimmt werden. Kein Musiker würde sich darauf verlassen, dass er sein Instrument nur ein- oder zweimal stimmen muss, damit es dann für immer in der richtigen Stimmlage bleibt. Diese ständige Aufmerksamkeit kostet zuweilen viel Mühe. Manchmal macht es aber auch Spaß und fühlt sich an wie ein Spiel, das Sie mit sich selbst spielen.

*Freundschaft schließen mit dem eigenen Verstand*

Wenn Sie Ihren Verstand als Feind ansehen, den es zu bekämpfen gilt, werden Sie mit ziemlicher Sicherheit verlieren. Wenn Sie Ihren Geist wie ein unartiges Kind behandeln und ihn ausschimpfen, wird er rebellieren. Die Übungen in diesem Kapitel sollen Ihnen das Wissen darüber vermitteln, wie Sie Freundschaft mit Ihrem Verstand schließen, Ihre Gedankenmuster kennen lernen, sie unter die Lupe nehmen und spielerisch mit ihnen umgehen können.

## Energie aus alten Glaubenssystemen freisetzen

Was ist ein Glaubenssystem? Es ist ein Muster im Bewusstsein, eine Struktur in der Seele. Es ist eine Einstellung gegenüber dem Leben, die Sie irgendwann erlernt haben. Wir übernehmen unsere Glaubenssätze als Erbe aus unserer Kultur, vermittels unserer Erfahrung und von unseren Vorfahren. Mit Hilfe von Glaubenssystemen organisieren wir unser Leben, sie bestimmen, wie wir uns verhalten und wie wir denken. Sie sind extrem vereinfachend, undifferenziert und scheinen in Stein gemeißelt zu sein. Mit einem Glaubenssatz kann man nicht argumentieren. Er stimmt immer. Man kann mit einem Glaubenssystem nicht kommunizieren. Es lässt sich nicht überzeugen, hört nicht zu. Es erkennt keine Schattierungen oder Zwischentöne, keine verschiedenen Perspektiven oder unterschiedlichen Möglichkeiten. Wie intensiv Sie auch daran arbeiten mögen, wie sehr Sie auch versuchen, sich selbst vom Gegenteil zu überzeugen, Sie glauben es nicht wirklich. Das Glaubenssystem hat sich in Ihrem Bewusstsein festgesetzt wie ein Fels.

*Glaubenssysteme – konditionierte Verhaltensmuster*

Hier sind einige der gängigen Glaubenssätze, auf die man im derzeit verbreiteten Bewusstsein der Menschen immer wieder trifft:

»Ich bin schlecht.«

»Mit mir stimmt etwas nicht.«

»Keiner hört mir zu.«
»Was ich auch tue, ich baue immer Mist.«
»Wenn ich jemanden wirklich liebe, werde ich verletzt.«
»Keiner liebt mich.« (Variation: »Keiner wird mich je lieben.«)
»Männer wollen mich beherrschen.« (Wenn Sie eine Frau sind.)
»Frauen wollen mich beherrschen.« (Wenn Sie ein Mann sind.)
»Ich kann nicht.«
»Ich muss gut (nett) sein, sonst wird mich keiner lieben.«
»Alle verlassen mich.«
»Ich kann entweder Freiheit und Kreativität in meinem Leben haben oder Verantwortung übernehmen, beides zusammen geht nicht.«
»Wut ist schlecht.«
»Alles ist umsonst.«
»Es ist völlig gleichgültig, was ich tue.«
»Ich kann spirituell leben oder auf dem Boden der Tatsachen sein, aber nicht beides.«

Diese Liste ließe sich endlos fortsetzen. Es gibt unzählige Variationen von Glaubenssätzen. Ich nenne sie »Glaubenssysteme«, weil keiner dieser Sätze für sich allein entsteht. »Ich bin schlecht« ist verbunden mit »Alle verlassen mich«, was wiederum auf »Ich bin schlecht« zurückführt und sich dann mit »Ich kann nicht« verbindet.

Alle diese Glaubenssätze basieren auf Erfahrung und Konditionierung. Es ist sehr schwer, sich selbst etwas zu bestätigen, was man nicht erlebt hat. Es ist beispielsweise schwer, sich selbst davon zu überzeugen, dass Menschen Ihnen zuhören oder zuhören würden, wenn Sie in Ihrer Kindheit erfahren haben, dass sie es nicht tun. Kinder verallgemeinern wie in diesem Fall ihre frühen Erfahrungen, dass ihnen niemand zuhört, und übertragen sie auf eine Welt, in der in Wirklichkeit ab und an doch jemand zuhört.

Die Energie eines Glaubenssystems ist dicht und schwer. Es hat das ganze Gewicht angesammelter Erfahrungen. Diese Schwere ist nicht nur bildlich zu verstehen, Sie werden sie selbst erleben, wenn Sie anfangen, mit Ihren Glaubenssystemen zu arbeiten. Energetisch an einem Glaubenssystem zu arbeiten kann äußerst wirksam sein. Dabei versuchen Sie nicht länger, es zu bekämpfen, nicht daran zu glauben, zu wünschen, es würde verschwinden, um am Ende doch frustriert zu werden. Sie bringen das Licht der Bewusstheit in dieses System und erlauben dem Licht, dessen alte, dichte Struktur zu durchdringen. Mit Sicherheit haben Sie auch schöne und positive, lebensbejahende Glaubenssysteme. Lassen Sie uns einmal näher untersuchen, wie diese Glaubenssätze Ihre Energie stärken können. Aber zunächst wollen wir über die Glaubenssätze sprechen, die Sie behindern.

*Nun, da Sie begonnen haben, an Ihren Gedanken zu arbeiten, besteht der erste Schritt darin, einige Ihrer grundlegendsten Glaubenssätze herauszufinden. Setzen Sie sich dazu ruhig hin, achten Sie auf Ihren Atem, ziehen Sie die Linie aus goldenem Licht um sich herum und fragen Sie sich: »Was glaube ich in meinem tiefsten Inneren über mich selbst, das Leben, meine Beziehungen, die Arbeit, über die Menschen, die Welt und das Universum?« Fangen Sie bei sich selbst an. Was denken Sie über sich? Was auch immer dabei zum Vorschein kommt, versuchen Sie es in vereinfachende, kurze und simple Worte zu fassen. Verstricken Sie sich nicht in langatmige Diskussionen mit sich selbst darüber, dass Sie all das eigentlich nicht wirklich oder nur manchmal glauben. Geben Sie es zu! »Ich glaube daran.«*

Negative Glaubenssysteme auflösen

*Dieses Eingeständnis, diese Kapitulation vor Ihren unergründlichsten und hartnäckigsten Glaubenssystemen ist ein äußerst wichtiger Schritt. Machen Sie sich mit dem Staunen vertraut: »Tatsächlich, ich glaube das wirklich. Das ist es also, was mich so auf Trab hält.« Wenn Sie sich eingestehen, dass Sie es wirklich glauben, werden Sie Ihre gewohnten Verhaltensmuster plötzlich viel besser verstehen. Normalerweise versuchen Menschen, ihre tief sitzenden Glaubenssätze abzustreiten, weil sie Angst vor ihnen haben. Sie wollen einfach nicht wahrhaben, dass sie all das wirklich glauben.*

*Wenn Sie einmal einen Glaubenssatz erkannt und ihn sich selbst eingestanden haben, werden Sie ihn im ganzen Körper spüren. Wiederholen Sie: »Ich glaube daran.« Verlieren Sie nicht den Mut. Wenn Ihnen ein Glaubenssatz erst einmal bewusst geworden ist, wenn Sie ihn in seiner eklatantesten Form wahrgenommen und sich selbst eingestanden haben, dass Sie an ihn glauben, hat er auch schon einen Teil seiner Macht verloren. Glaubenssysteme leben davon, versteckt gehalten zu werden, im Untergrund zu existieren, tief im Unbewussten vergraben zu sein. Sie werden mächtig und stark, wenn Sie sie verleugnen, wenn Sie sich weigern, sich einzugestehen, dass Sie daran glauben.*

*Finden Sie nun heraus, wo das Glaubenssystem in Ihrem Körper festsitzt. Wo hat es sein Zuhause? Wo fühlen Sie es? Im Solarplexus? Im unteren Rücken? Im Nacken? In den Kiefergelenken? Spüren Sie es auf und neh-*

*men Sie Ihr Gefühl in diesen Körperbereichen bewusst wahr. Wie fühlt sich dieses Glaubenssystem an? Welche körperlichen Empfindungen gehen damit einher? Erleben Sie am eigenen Körper, dass Sie dieses Glaubenssystem in sich tragen.*

*Benennen Sie das Glaubenssystem, fassen Sie es in Worte und spüren Sie, wie diese Worte in Ihrem Körper widerhallen: »Ich bin nicht gut genug.« Ziehen Sie das Glaubenssystem jetzt aus Ihrem Körper heraus. Stellen Sie sich vor, wie sich diese Worte aus Ihrem Körper herausbewegen und auf der Ihnen bereits vertrauten Kinoleinwand zusammenfließen. Sehen Sie die Worte außerhalb von sich selbst. Nehmen Sie dabei wahr, welche Empfindungen in Ihrem Körper entstehen. Lösen Sie jetzt, wie Sie es zuvor schon mit Ihren Gedanken getan haben, die Worte in dem goldenen Licht auf. Beobachten Sie, wie Ihr altes Glaubenssystem zu einer Wolke aus goldenem Licht wird, zu reiner Energie.*

*Erlauben Sie dem goldenen Licht dann, zu Ihnen zurückzukommen, als reine Energie – frei von dem alten Glauben. Versuchen Sie nicht, diese Energie in neue Glaubenssätze hineinzupressen. Atmen Sie sie einfach nur ein und spüren Sie, wie sie sich durch Sie hindurchbewegt. Versuchen Sie erst gar nicht, sich zu sagen: »Okay, dieses Glaubensmuster wäre jetzt erledigt.« Nehmen Sie einfach nur die Erleichterung wahr, die Transformation eines alten Verhaltensmusters in reine Energie. In diesem Moment der Umwandlung haben Sie sich selbst befreit. Doch seien Sie sich dessen gewiss, Sie werden das noch viele Male tun müssen! Sie können diese Übung einige Tage oder eine Woche lang regelmäßig machen, wann immer Sie das Bedürfnis danach verspüren oder wenn Sie sich in den Klauen eines Glaubenssystems gefangen fühlen. Denken Sie aber immer daran, am Ende der Übung das goldene Licht wieder einzuatmen.*

Sobald Sie einmal verschiedene Glaubenssätze erkannt haben, können Sie das ganze System in einem Schaubild aufmalen und daran sehen, wie alle diese Glaubenssätze miteinander verbunden sind. Hier ein Beispiel:

»Niemand wird mich jemals lieben.«

»Ich werde niemals gut genug sein.«

»Mit mir stimmt etwas nicht.«

»Ich kann nicht.«

Es sieht aus wie das Diagramm einer molekularen Struktur. Diese Glaubenssysteme sind die Bausteine des konditionierten Selbst. Sobald Sie anfangen, sich von der Macht dieser Systeme zu befreien, werden Sie mehr Energie haben, um zu wachsen, sich zu verändern und kreativ zu sein. Sie können mit den Verhaltensmustern genauso arbeiten, wie Sie es mit den Worten bereits getan haben. Stellen Sie sich dazu die Struktur Ihres Schaubilds an der entsprechenden Stelle in Ihrem Körper vor, dann, wie es aus ihm austritt, auf der Leinwand erscheint und sich schließlich im goldenen Licht auflöst. Spüren Sie, wie das Licht als reine Energie wieder zu Ihnen zurückkehrt.

Wenn Sie auch positive Glaubenssysteme gefunden haben, dann verbringen Sie einfach einige Zeit mit ihnen. Atmen Sie die Glaubenssätze in jede Zelle Ihres Körpers ein. Nehmen Sie sie mit dem gleichen Staunen an, wie Sie dies bei den

*Positive Glaubenssysteme einatmen*

negativen Systemen getan haben. Finden Sie heraus, an welcher Stelle in Ihrem Körper sie sich niedergelassen haben. Spüren Sie die lebensbejahende Energie, die sie Ihnen geben. Erlauben Sie dieser Kraft schließlich, Ihren ganzen Körper zu durchdringen, ihn von Kopf bis Fuß zu durchfluten.

# Energie aus alten seelischen Mustern freisetzen

Für die Lektüre dieses Kapitels schlage ich Ihnen vor, sich eine Tasse Tee zu kochen und es sich gemütlich zu machen. Bereiten Sie sich innerlich darauf vor, sich eine Zeit lang mit diesem Thema zu befassen. Seelische Muster entstehen durch das wiederholte Erfahren bestimmter Erlebnisse. Sie zu verändern erfordert Zeit, Geduld und ständige Aufmerksamkeit. Um heute ein Maximum an Energie zur Verfügung zu haben, ist es von immenser Wichtigkeit, dass wir uns bewusst werden, wie viel von unserer Energie an Erlebnisse in der Vergangenheit gefesselt ist. Diese Energie freizusetzen ist ein stetiger Prozess.

Jeder von uns ist im Grunde eine Ansammlung von Erfahrungen. Unsere Kindheitserfahrungen lehren uns, in welcher Beziehung wir zu unserem Leben stehen. Verhaltensmuster aus der Kindheit können uns noch Jahre später das Gefühl ständiger Müdigkeit oder Depression vermitteln. Diese Erfahrungen entwickeln, konditionieren und bestimmen, wie wir die Welt sehen, wie wir auf sie reagieren und wie wir uns selbst wahrnehmen. Das, was wir als das »Selbst« bezeichnen, ist ein komplexes System von Konditionierungen, Erfahrungen und äußeren Einflüssen. Unsere jetzige Persönlichkeit ist wie ein Fluss mit vielen Nebenarmen, mit vielen kleinen Bächen, die ihr Wasser in ihn ergießen. Da ist beispielsweise der kulturelle Nebenarm. Wir alle sind ein Produkt von Geschich-

*Unser »Selbst« – das Produkt vielfacher Prägungen*

te, Zeit und Kultur. Wir können uns nicht als unabhängig von der Zeit und dem Ort unserer Geburt ansehen, und da ist auch noch unser Erbgut, unsere biologische Herkunft als Individuum und als Teil der menschlichen Rasse. Dann gibt es den psychologischen Nebenarm unserer Vorfahren. Das sind all die Verhaltensmuster, Gedanken und Gefühle, die von Generation zu Generation weitergegeben werden. Da sind die Erfahrungen aus unserer frühen Kindheit, die unsere Energie zutiefst prägen. Eine ungeheure Menge an Energie bleibt gefangen in alten Knoten aus vererbten, kulturellen und familiären Strukturen. Ich begegne häufig Menschen, die seit Jahren in therapeutischer Behandlung sind, die sich ihre Muster aus jedem nur möglichen Blickwinkel angesehen haben, die den Ursprung bestimmter Verhaltensweisen, Reaktionen und Beziehungsmuster in ihrem Leben psychologisch wirklich tief durchdrungen haben. Sie sind ihren Gefühlen begegnet, haben getrauert und ihre Wut herausgelassen, haben mit ihrem inneren Kind Kontakt aufgenommen und ihm Geborgenheit gegeben. Doch ihre Muster sind ihnen geblieben.

Es gibt einen Punkt in unserer inneren Arbeit, an dem die Selbstbeobachtung etwas von einem Kinofilm hat. Sie sehen sich dabei zu, wie Sie Sie selbst sind und Dinge tun, die Sie schon immer getan haben. Ein Teil von Ihnen sitzt da wie ein Zuschauer und sagt zu dem Schauspieler auf der Leinwand: »Weißt du, du musst das nicht tun. Nein, nein, nein, nicht diesen Typ, nicht schon wieder! Merkst du nicht, dass es schon wieder die gleiche alte Geschichte ist, siehst du nicht, dass er dir nicht gut tut?« Und währenddessen macht der Hauptdarsteller

*Alte Gewohnheiten durchbrechen*

oder die Hauptdarstellerin einfach weiter, spielt seine oder ihre Rolle, ist in dem Drama gefangen – und völlig taub für Ihre Warnungen. Das ist eine schwierige Phase. Das eigene Bewusstsein ist zwar tiefer und weiter geworden und man sieht vieles klar, aber ebendieses Bewusstsein hat noch nicht die dumpfe Energie der Gewohnheiten durchdrungen.

Es ist wichtig, dass Sie Ihrem wachsenden Bewusstsein mehr Aufmerksamkeit schenken als der Frustration und dem Gefühl des Versagens, das entsteht, wenn man sich selbst immer wieder das Gleiche tun sieht. Immerhin sehen Sie es, immerhin wissen Sie, dass es »wieder die gleiche alte Sache« ist. Es sind *Muster,* an denen Sie arbeiten. Diese Erkenntnis ist eine wesentliche Voraussetzung dafür, dass Sie letztendlich Ihr Verhalten ändern. So wie Sie sich Ihres Bewusstseins immer bewusster werden, mehr und mehr mit dem Teil in Ihnen in Berührung kommen, der das Muster beobachtet, so entwickeln Sie auch Ihre Entscheidungskraft, Ihre Fähigkeit, bewusst aus dem Muster herauszukommen. Das braucht Zeit! Eines der Dinge, die ich in meiner Arbeit mit Menschen gelernt habe, ist, Respekt zu haben vor den Kräften, mit denen wir uns alle auseinander setzen – Respekt vor der Macht der Begierde, des Zorns und der Unwissenheit; Respekt vor den uralten Kräften unserer Kultur und unserer Vorfahren. Sie sind wirklich enorm.

Dazu gibt es eine Geschichte über Buddha. Als er sich dazu entschlossen hatte, sich unter den Bodhi-Baum zu setzen und erst wieder aufzustehen, wenn er erleuchtet sein würde – wenn er die Macht der Begierde, des Zorns und der Unwissenheit durchschaut haben würde –, nahm er eine Schale aus Holz, warf sie in einen nahe gelegenen Fluss und sagte: »Wenn es mir beschieden sein soll, erleuchtet zu werden, lass diese Schale stromaufwärts schwimmen.« Sie tat es. Indem wir unser Bewusstsein entwickeln, alte Muster verändern, die Macht der Entscheidungsfähigkeit nutzen, um unsere Energie von jenen alten Kräften einzufordern; indem wir uns dazu entschließen, ein Leben voller Liebe, Mitgefühl und Verständnis zu führen, statt uns von alten Gewohnheiten wie Nichthinsehenwollen, Zorn und Angst regieren zu lassen, beginnen wir stromaufwärts zu schwimmen. Es verlangt uns unglaublich viel Energie ab, das zu tun, was nur ein weiterer Grund dafür ist, dass wir lernen müssen, mit unserer Energie zu arbeiten und sie zu erhalten. Immer wieder werden wir merken, dass wir uns haben davontragen lassen, dass wir kilometerweit stromabwärts getrieben wurden durch die mächtige »Strömung« unseres gewohnten Daseins, unsere Gewohnheiten und unsere konditionierten Verhaltensmuster. So müssen wir uns immer wieder aufs Neue stromaufwärts bewegen.

*Der Veränderung Beachtung schenken*

Und auch hier gilt: Bitte erkennen Sie die Momente der Veränderung, der Freiheit und der eigenen Wahlmöglichkeit an, mögen sie Ihnen auch noch so kurz vorkommen. Wenn es in Ihrer Kindheit zu Übergriffen vonseiten Ihrer Eltern gekommen ist, wenn Sie die Gewalt verbaler oder körperlicher Wut zu spüren bekamen, in ständiger Angst vor der nächsten Explosion lebten und nun selbst mit dem Erbe und der Gewohnheit der Wut zu kämpfen haben, dann haben Sie es mit einer starken Kraft, einer machtvollen Energie zu tun. Wenn Sie eines Tages bemerken, dass Sie Ihren Partner nur noch anschauen, Ihre Wut zurücknehmen und sie *nur einen Moment lang* in einer Energie der Liebe und des Loslassens wegschmelzen lassen können, dann ist das für Sie ein Augenblick der »Erleuchtung«. Es ist ein Vorgeschmack auf diese Freiheit, auf die Befreiung, die in allen spirituellen Traditionen hervorgehoben wird. Das ist das Königreich des Himmels. Wenn Sie in einem Zuhause aufgewachsen sind, in dem niemand seine Zuneigung ausdrückte, wo jeder nur mit äußeren Aktivitäten beschäftigt war und scheinbar keiner die Zeit oder die Energie für ein Gespräch hatte, und in dem Sie lernten, Ihre Gefühle zu verleugnen und zu unterdrücken, aber jetzt damit anfangen, mit Ihrem Partner zu kommunizieren und die Liebe, die Sie für Ihre Kinder empfinden, auszudrücken, dann ist das – auch wenn es nicht perfekt ist, ganz gleich, wie gering es Ihnen erscheinen mag – bereits eine riesengroße Veränderung. Schenken Sie ihr Beachtung, bringen Sie sich selbst dafür Anerkennung entgegen und nehmen Sie die Energie wahr, die umso mehr wird, je mehr Ihnen bewusst wird, wie sehr Sie sich schon verändert haben. Wenn Sie sich aber darauf konzentrieren, was sich alles noch ändern muss, dann verlieren Sie Energie.

Selbstbewertung ist eines der Muster, die sich uns am tiefsten eingeprägt haben. In unserer Arbeit an uns selbst schlummern massenhaft Gelegenheiten, in dieses alte Muster zurückzufallen. »Warum mache ich das noch immer? Wie kann ich nur so dumm sein? Ich habe es doch schon endlos durchgekaut und vollkommen verstanden, was stimmt bloß nicht mit mir, dass ich mich einfach nicht ändern kann? Ich will dieses Muster doch nur loswerden. Wann verschwindet es denn

*Mut und Geduld nicht verlieren*

endlich?« Meiner Erfahrung nach ist gerade der letzte Wunsch eine der größten Illusionen – eine, die uns eine Menge Energie kostet. Diese alten Muster verschwinden nicht einfach von heute auf morgen, aber sie werden sich verändern, weniger starr und wesentlich beweglicher werden. Sie werden kleiner und ihr würgender Griff wird allmählich schwächer. Bewusstsein, Liebe und Akzeptanz gewinnen dabei immer mehr an Bedeutung und Kraft. Ängste, Wut und Kummer werden mehr und mehr zu vorüberziehenden Wolken an einem klaren Himmel, zu einem kurzen Aufblitzen auf der Leinwand. Aber wir sind, wer wir sind. Wir haben bestimmte Erfahrungen gemacht, und die Macht der Gewohnheit ist groß. Bestimmte Erfahrungen rufen wahrscheinlich immer bestimmte Reaktionen hervor. Eine Angstreaktion, die sich sonst über Jahre hinzog, über Wochen oder Stunden, kommt und geht jetzt vielleicht innerhalb von Sekunden. Vielleicht tritt sie irgendwann gar nicht mehr auf. Wenn sie es aber dennoch tut, wenn ein altes Muster, das Sie längst für abgehakt hielten, wieder an die Oberfläche kommt, dann heißt das nicht, dass mit Ihnen etwas nicht stimmt. Es bedeutet nur, dass Sie Ihre ganze Energie noch einmal zusammennehmen, die Macht dieser alten Kräfte anerkennen und sich selbst dazu verpflichten müssen, genau das zu tun, was Sie schon viele tausend Mal vorher getan haben: Sie müssen weiter daran arbeiten und neue Wege finden, auf die alten Muster zu reagieren.

Die Kreativität des Menschen ist grenzenlos. Stellen Sie sich nur einmal vor, was wäre, wenn all die Energie, die in die Herstellung von Zerstörungswaffen, in unzählige Zeit sparende Geräte, in neue Arten des Amüsements und Möglichkeiten zu unserer

Unterhaltung gesteckt wird, stattdessen dazu verwendet würde, neue Formen des Zusammenlebens auf diesem Planeten zu entdecken und unsere Beziehungen zueinander und zur Erde grundlegend zu verändern. Diese Kreativität steckt in jedem von uns und wartet nur darauf, zu unserem Wohl eingesetzt zu werden – für unser Wachstum und unsere Transformation. Die Energie aus alten seelischen Mustern freizusetzen bedeutet, diese Kreativität anzuzapfen und sie zu nutzen – sie dazu einzuladen, sich in jedem unserer kostbaren Leben zu entfalten. Ihre ganz natürliche menschliche Kreativität kann für Sie ans Werk gehen, kann ein farbenfroheres Bild von Ihrem Leben malen, einen neuen Wandteppich weben oder einfach eine andere Geschichte erzählen.

*Der erste Schritt in diese Richtung ist folgender: Verbringen Sie einen Tag ausschließlich damit, sich Ihrer Bewusstheit bewusst zu werden. Stellen Sie zum Beispiel fest, wie viel Sie an diesem Tag feststellen. Erkennen Sie, dass Sie das Muster dahinter erkennen, was auch immer es zu diesem Zeitpunkt sein mag, und sehen Sie dabei sich selbst, wie Sie das Muster sehen, und so weiter und so fort.*

Sich der eigenen Bewusstheit bewusst werden

Wie ein Kieselstein, der in einen ruhigen Teich fällt, ist das Bewusstsein eine sich endlos erweiternde, in die Tiefe gehende Spirale, die Sie schließlich zu einer Umarmung führt, zu dem Annehmen aller Teile Ihres Selbst. Wenn Sie die verschiedenen Muster wahrnehmen – Ihre Art, auf Menschen und Ereignisse zu reagieren – und sich Ihrer Bewusstheit bewusst werden, dann werden Sie erkennen, dass Sie selbst alle diese Anteile sind und dass Sie mehr als die Summe aller Teile sind: Da ist ein zentrales Du, jenes Bewusstsein, das alle diese Teile enthält und alle diese Muster sieht, das die ganze Fülle Ihres Selbst umfasst. Je öfter Sie dieses Bewusstsein erfahren, je mehr Sie sich mit ihm identifizieren, desto weniger werden Sie sich selbst als nur diesen oder jenen Teil oder all die Anteile erleben, die immer wieder miteinander im Konflikt stehen. Dieses neue Bewusstsein nimmt mit der Zeit eine zentralere Rolle ein, gewinnt mehr und mehr an Macht und wird immer wirksamer in Ihrem Leben.

Von diesem inneren Ort des zunehmenden Bewusstseins aus wird es Ihnen möglich sein, an Ihren alten Mustern zu arbeiten. Der einfachste Zugang zu Ihren seelischen Mustern, den »Familienabdrücken«, ist Ihr inneres Kind. Hier nun eine Übung, die Ihnen helfen wird, das Kind in Ihnen zu finden und die Energie freizusetzen, die in seinen alten Erfahrungen blockiert ist. Bitte lesen Sie erst das Kapitel bis zum Ende durch, bevor Sie mit der eigentlichen Übung beginnen. Und denken Sie auch über diesen Punkt nach: In der folgenden Übung geht es nicht darum, die Erfahrungen aus Ihrer Kindheit wiederaufleben zu lassen oder alte Erinnerungen auszugraben. Viele Menschen identifizieren sich ungewollt mit ihrem inneren Kind, sobald sie es sich vorstellen. Sie sagen: »Ich bin so traurig, ich habe solche

*Das innere Kind finden*

Angst, ich fühle mich verloren.« Diese Gefühle gehören zu dem Kind. Ihre momentane Lebensenergie fließt dann zu Ihrem inneren Kind auf die gleiche Weise, wie Sie es in der Übung *Sich die Energie von anderen zurückholen* erfahren haben, wo beschrieben wird, wie Ihre Energie zu anderen Menschen abfließen kann. Viele Menschen identifizieren sich häufig viel zu sehr mit dem Kind, das sie einmal waren. Jahrelang spielen sie in vielen Situationen unbewusst das kleine Kind. Wenn sie aber anfangen, sich dessen bewusst zu werden, zum Beispiel durch die Arbeit mit dem inneren Kind, verlieren sie sich oft in den Gefühlen des Kindes und sind überwältigt von diesen Emotionen. Um ausreichend Energie für Ihr momentanes Leben zu haben, ist es wichtig, die Energie von dem kindlichen Anteil in Ihrem Wesen abzuziehen, ohne es im Stich zu lassen oder seine Existenz zu verleugnen, und sich selbst als das umfassendere Bewusstsein wahrzunehmen.

Um all das zu tun, ist es notwendig zu verstehen, dass das Kind zwar ein einflussreicher Anteil Ihrer Persönlichkeit ist, Sie aber nicht allein ausmacht. Es gibt da noch Ihr erwachsenes Selbst, das Bewusstsein, das das Kind in die Arme schließen kann, es verstehen und lieben kann, mit ihm sprechen und ihm neue Wege des Seins auf dieser Welt zeigen kann.

Weil das Kind in der Vergangenheit lebt, ist es in alten Gefühlen gefangen. Es wird vielleicht von Angst, Kummer oder Selbstvorwürfen erdrückt. Aber auch hier sollten Sie nicht vergessen: Die alten Gefühle und Erfahrungen sind nicht alles, was das Kind ausmacht. Da ist ein Kind, voller Energie, Liebe, Neugier, Staunen und Freude, das aus der Vergangenheit, aus diesen alten, dunklen Orten des Schmerzes, der Angst, der Traurigkeit und Verwirrung herausgeholt werden will. In einer Therapie ist es oft notwendig, erneut in die Vergangenheit einzutauchen, um alte Erfahrungen wieder lebendig werden zu lassen. Das kann sehr hilfreich sein. Ab einem bestimmten Punkt ist es aber äußerst wichtig, sich von der Vergangenheit zu lösen. Erst durch meine eigene Arbeit mit meiner Therapeutin Eleanor Robbins habe ich den Zauber entdeckt, der entfacht wird, wenn man das Kind aus der Vergangenheit heraus in die Gegenwart holt.

Sich energetisch vom inneren Kind lösen

*Setzen Sie sich nun ruhig hin, verbringen Sie einige Minuten in der Bewusstseinsmeditation und beobachten Sie Ihren Atem. Dann stellen Sie sich das Kind vor, das Sie einst waren und dessen Erfahrungen immer noch Ihre Art zu leben bestimmen. Schauen Sie es sich an, ganz gleich, in welchem Alter es auch sein mag und welche Bilder auch immer in Ihnen aufsteigen. Vielleicht ist es das Kind, das Sie von der alten Schwarzweißfotografie kennen, die mittlerweile schon vergilbt ist. Sehen Sie sich selbst auf diesem Bild, festgehalten in jenem Augenblick. Bleiben Sie einfach bei dem Kind. Nehmen Sie die Gedanken und Gefühle wahr, all die Empfindungen oder Bilder, die in Ihnen aufsteigen, während Sie an dieses Kind denken oder es visualisieren.*

*Während Sie sich das Kind vorstellen, es wie auf diesem alten Foto vor sich sehen, ziehen Sie die Linie aus goldenem Licht um sich selbst herum. Erleben Sie sich als ein von dem Kind getrenntes Wesen. Seien Sie sich bewusst, dass Sie nicht dieses Kind sind und dass jegliches Gefühl von Kummer, Angst,*

*Wut oder Verwirrung, das in seinem Beisein auftaucht, längst vergangen ist. Es ist vorbei. Es gehört der Vergangenheit an. Ziehen Sie die goldene Linie noch einmal um sich herum, spüren Sie sich selbst und bestätigen Sie sich auf jede nur erdenkliche Weise mit den Worten, die Ihnen passend und hilfreich erscheinen, dass Sie damit aufhören dürfen, diese vergangenen Gefühle mit sich herumzuschleppen.*

*Das kleine Mädchen oder der kleine Junge sitzt mitten in irgendeiner Szene aus der Vergangenheit. Stellen Sie es sich wie einen Film vor, lassen Sie zu, dass sich die Umstände dieser Szene vor Ihrem inneren Auge entfalten. Vielleicht streiten sich die Eltern gerade und der kleine Junge sitzt allein in seinem Zimmer. Oder das kleine Mädchen ist gerade in der Schule und der Lehrer ist wütend auf es. Vielleicht ist es auch in einem dunklen Zimmer und hat entsetzliche Angst vor den bösen Geistern unter seinem Bett.*

*Stellen Sie sich jetzt vor, dass Sie selbst die Szene betreten. Sie, der Erwachsene, so, wie Sie heute aussehen, erscheinen auf der Filmleinwand. Was tun Sie? Sie haben unendlich viele Möglichkeiten, etwas zu tun. Sie nehmen das Kind an der Hand und heben es hoch. Sie sprechen ganz sanft mit ihm oder erzählen ihm einen Witz. Irgendwie stellen Sie eine Verbindung zu ihm her. Vielleicht stoßen Sie dabei auf Widerstand. Das Kind ist möglicherweise ängstlich oder misstrauisch. Vielleicht freut es sich auch riesig, Sie zu sehen. Bleiben Sie einfach bei ihm.*

*Es kann sein, dass Sie das Kind aus dieser alten Szene herausholen wollen. Sie können es hinaustragen oder es geht vielleicht an der Hand mit Ihnen. All das geschieht in Ihrer Vorstellung, und alles ist möglich: Sie können es wegbeamen, mit ihm davonfliegen, oder was auch immer. Sie bringen das Kind an einen sicheren Ort, in eine bestimmte Landschaft oder in einen anderen Raum, kurzum an einen Kraftplatz, den Sie sich selbst für das Kind ausdenken.*

*Und von diesem Ort aus sehen Sie sich mit dem Kind an, wie die alte Szene sich im Licht auflöst, in einer Wolke aus goldenem Licht. Sie spüren die Anwesenheit des Kindes, es ist hier bei Ihnen, in diesem Moment. Vielleicht hat es Angst. Vielleicht weint es. Halten Sie einfach nur seine Anwesenheit in Ihrer Vorstellung aufrecht und geben Sie Ihr Bestes, um auch Ihre eigene Loslösung beizubehalten. Sie sind der Erwachsene, der das Kind hält. Fühlen Sie sich in das Kind ein, verstehen Sie es, lieben und trösten Sie es. »Schscht …, alles wird gut! Du bist jetzt hier. Ich bin bei dir und ich werde dich nicht im Stich lassen.«*

*Lassen Sie das Kind an einem sicheren Ort in Ihrer Vorstellung zurück – mit jemandem, der auf es aufpasst. Versprechen Sie ihm, bald zurückzukommen. Ziehen Sie nun wieder die Linie aus goldenem Licht um sich herum, lösen Sie die ganze Szene in goldenem Licht auf und verbringen Sie noch einige Minuten in der Bewusstseinsmeditation. Nehmen Sie Ihre Gedanken, Emotionen und körperlichen Empfindungen wahr, während Sie Ihrem Atem folgen. Umgeben Sie sich dann mit dem Licht des Regenbogens. Vielleicht möchten Sie sich anschließend »auschecken«, das heißt sich von dem Erlebten lösen, indem Sie Ihre Erfahrung niederschreiben.*

Diese eine Übung wird nicht alle Wunden aus Ihrer Kindheit heilen und Ihre gesamte in alten Erfahrungen gefangene Energie freisetzen können. Aber sie ist ein weiterer Schlüssel zu der Energie in Ihnen, die in alten Mustern aus der Vergangenheit eingeschlossen ist.

Zu dieser Übung gibt es unzählige Variations- und Anwendungsmöglichkeiten, die Sie selbst entdecken können. Eine Variante, die Sie beinahe täglich praktizieren können, ist die folgende: Nehmen wir einmal an, es gibt jemanden an Ihrer Arbeitsstelle, der das kleine Kind in Ihnen weckt. Er erinnert Sie an Ihren Vater und nimmt immer wieder diese Rolle ein. Sie gehen mit ihm in einen Raum und sind plötzlich gerade mal fünf Jahre alt, Sie kriegen den Mund nicht auf, haben Angst, sind innerlich wütend und werden förmlich überschwemmt von Gefühlen der Hilflosigkeit. Besuchen Sie, bevor Sie das nächste Mal zur Arbeit gehen, in Ihrer Vorstellung Ihr inneres Kind an dem sicheren Ort, den Sie für es geschaffen haben. Stellen Sie sich diesen Ort, die Landschaft oder das Zimmer in allen Details vor. Visualisieren Sie Fenster, Bäume, Spielsachen, Farben und Licht. Umarmen Sie das Kind. Geben Sie ihm Sicherheit. »Ich gehe zur Arbeit, nicht du. Du kannst hier an diesem wundervollen Ort bleiben und es dir gut gehen lassen. Ich bin der Erwachsene, und ich bin derjenige, der zu dieser Tür hinausgeht und sich mit diesem Typ auseinander setzt. Du musst das nicht machen! Er ist nicht dein Vater. Er ist nur ein Mensch, mit dem ich zusammenarbeiten muss.«

Im Normalfall will das Kind in uns wissen, dass sich jemand um alles kümmert, dass es das nicht selbst tun muss. Das trifft besonders dann zu, wenn Sie selbst als Kind Ihrem Alter nicht entsprechende Aufgaben übernehmen mussten! Wenn Sie sich von dem Kind lösen, für es sorgen, sich aber nicht mit ihm identifizieren, dann bekommen auch Sie nach und nach das Gefühl, dass da jemand ist, der sich um alles kümmert, dass Sie selbst die Wahl haben. Sie müssen sich vor diesem Typ nicht in Tränen auflösen oder wegen ihm in stille Wut verfallen. Sie können die

Linie aus goldenem Licht um sich herum ziehen, sich selbst spüren, jede Art von negativer Energie, die Ihnen entgegenschlägt, zurückgeben und mit der Situation umgehen lernen.

Menschen tragen oft auch Landschaften, Umgebungen, Räume und Häuser in ihrer Erinnerung mit sich herum. Die verschiedenen Umgebungen unserer Kindheit hinterlassen einen tiefen Eindruck in uns und binden eine Menge Energie. Denken Sie doch einmal einen Moment lang über die Schauplätze Ihrer Kindheit nach. Gibt es ein bestimmtes Haus, ein Zimmer oder einen Ort, der vor Ihrem inneren Auge auftaucht? Wenn er mit negativer Energie besetzt ist, können Sie die oben genannte Übung mit diesem inneren Bild machen, ihm erlauben, sich im goldenen Licht aufzulösen, einfach darin zu schmelzen. Bringen Sie aber nötigenfalls Ihr inneres Kind in Sicherheit, bevor Sie die Szene auflösen.

*Innere Schauplätze energetisch klären*

Vielleicht stoßen Sie auf inneren Widerstand, wenn Sie diese alten Schauplätze und Szenen verschwinden lassen wollen oder das Kind wegbringen möchten. Viele Menschen behaupten, dass sie die Vergangenheit loslassen wollen, können dann aber doch nicht damit umgehen, wenn sie die Möglichkeit haben, dies energetisch spürbar zu tun. Ein weiteres Mal hat sich Ihr Selbstwertgefühl mit den alten Erfahrungen identifiziert, so schmerzhaft sie auch sein mögen. Übungen zur Arbeit mit dem kindlichen Anteil in Ihnen können von Meditationen zur Selbstbefragung begleitet werden: Nachdem Sie sich zunächst um Ihr inneres Kind gekümmert haben, können Sie diesen Teil Ihrer Persönlichkeit in einen Kontext stellen. Fragen

Sie sich dazu in meditativer Haltung: »Wer bin ich? Wer ist es, der all diese Erfahrungen gemacht hat? Welcher Teil von mir hält und liebt dieses Kind?« Die Antwort darauf wird schon bald kommen, nicht in Form von Worten, sondern durch einen sanften Hauch von Zärtlichkeit, einen zarten Schimmer von Licht, ein Schmelzen des Herzens und eine neue Offenheit aus der Liebe heraus. Sie sind das Kind und Sie sind diese Zärtlichkeit, diese Liebe, dieses Halten. Wenn Sie um all das wissen, strömt Ihnen unendlich viel Energie zu.

Oft unterschätzen Menschen die Auswirkungen ihrer Kindheitserfahrungen auf ihre Energie, weil sie keine traumatische Kindheit hatten. Sie vergleichen sich selbst mit Menschen, die auf entsetzlichste Weise missbraucht wurden und glauben, diese hätten kein Recht dazu, so wütend, ängstlich oder traurig zu sein, weil es ja eigentlich gar nicht so schlimm war. Was allein zählt, das ist, die Erfahrung des Kindes zu würdigen.

*Die Erfahrungen des inneren Kindes würdigen*

Wie oft wird einem sensiblen Kind gesagt: »Hab keine Angst, da ist nichts, wovor du Angst haben müsstest«? Menschen reden sich das ein Leben lang bis zum Sterbebett ein und sind womöglich dennoch ständig von panischer Angst erfüllt. Vielleicht will das Kind in Ihnen einfach nur hören, dass es völlig in Ordnung ist, Angst zu haben. »Du hast Angst. Es mag sein, dass ich nicht verstehe, was dir solche Angst macht, aber du hast sie nun mal und das ist in Ordnung.« Kinder begreifen die komplizierte Sprache der Therapie nicht. Ihr inneres Kind will mit einfachen, direkten und beruhigenden Worten angesprochen werden.

In früheren Zeiten haben Menschen die Erfahrungen, die sie

in ihrer Vergangenheit gemacht haben, in der Regel verleugnet und abgewertet. Heutzutage werden sie dazu ermutigt, sich die Erinnerungen des Missbrauchs und des Schmerzes erneut ins Bewusstsein zu rufen. Zu wissen, was damals wirklich passiert ist und was nicht, kann sehr verwirrend sein. Aus meiner Sicht ist es gar nicht unbedingt wichtig, sich der Erinnerungen wieder anzunehmen, sondern *das Kind* wieder aufzunehmen. Das können Sie erreichen, indem Sie aufmerksam beobachten und schließlich herausfinden, was dieses Kind *gefühlt* hat, und indem Sie es im wahrsten Sinne des Wortes »da rausholen« und in Ihr gegenwärtiges Leben führen. Sie können das Kind wieder aufnehmen, indem Sie sich mit ihm verbinden, nicht aber, indem Sie sich an all das erinnern, was ihm vielleicht widerfahren ist oder nicht. Es geht mir hier nicht darum, Ihnen davon abzuraten, unterdrückte oder verleugnete Erinnerungen wieder ans Licht des Bewusstseins zu holen. Das ist hilfreich und zeitweise auch sehr wichtig. Aber es ist eben nicht alles und es ist in der Regel auch keine unbedingte Voraussetzung für Heilung.

*Das innere Kind aufnehmen*

Manchmal fühlen sich Menschen hilflos, weil sie sich einfach nicht erinnern können. Das ist völlig in Ordnung. Ihr inneres Kind ist jeden Tag bei Ihnen und reagiert auf die Situationen in Ihrem Leben. Sie können es in allen Lebenslagen spüren – es ist ängstlich, wütend, verwirrt, aufgeregt oder schüchtern. Und dabei wächst in Ihnen ein anderes Bewusstsein, mit dem Sie noch mehr Energie freisetzen können: »Es ist das Kind in mir, das jetzt reagiert. Ich bin nicht nur das Kind. Ich habe die Wahl.

Ich habe verschiedene Möglichkeiten. Das Kind in mir hatte sie nicht, aber ich habe sie.«

In diesem Kapitel konnten wir einen Blick auf die Spitze des Eisbergs werfen. Das Kind in Ihnen ist ein riesiges Sammelbecken an Energie – Energie, die durch Angst oder Wut blockiert ist, durch viele »Du-solltest« und »Du-solltest-nicht«. Es gibt eine Vielzahl von Methoden, wie Sie mit Ihrem inneren Kind und mit Ihren alten seelischen Mustern arbeiten können. Vielleicht fangen Sie nun an zu verstehen, wie die Übungen zusammenhängen. Sich die Energie von anderen zurückzuholen kann Ihnen beispielsweise helfen, in alten seelischen Mustern gefangene Energie freizusetzen. Vielleicht müssen Sie sich Ihre Energie von einem Elternteil, einem Kind, einem Spielkameraden oder einem Lehrer zurückholen.

An dieser Stelle noch ein Wort der Warnung: Diese Übungen sind machtvoll. Ich gebrauche den Ausdruck »sich etwas vorstellen«, aber die Kraft, die wir »Vorstellung« nennen, ist eine starke Energie. Wenn Sie auf diese Weise an sich selbst arbeiten, arbeiten Sie mit Energie. Und Energie ist real, fassbar und präsent. Sie ist nicht einfach nur »bloße Einbildung«. Die moderne Physik lehrt uns, dass ein scheinbar fester Gegenstand wie ein Stuhl in Wirklichkeit, von einer anderen Perspektive aus betrachtet, eine Ansammlung von energetischen Mustern ist. Und das trifft auch auf Sie zu. Darum steckt in diesen Meditationen ein derart großes Potenzial für Veränderungen. Sie können Ihnen helfen, Ihre Erfahrungen, die Struk-

*Vorsichtig mit machtvollen Energien umgehen*

turen und Muster Ihres Bewusstseins, neu zu formieren und zu definieren. Darum sollten sie auch mit Vorsicht angewandt werden. Je nachdem, was Sie in der Vergangenheit erlebt haben, sollten Sie sie vielleicht am besten in Zusammenarbeit mit einem Therapeuten Ihres Vertrauens praktizieren, mit einem wie auch immer gearteten Berater, einem Freund oder Partner. Sie wissen am besten, womit Sie sich wohl fühlen und was für Sie funktioniert. Dieses eine Kapitel kann keine längere Therapie ersetzen, sondern sie lediglich unterstützen.

Denken Sie auch daran, dass wir oft eine Menge Energie in scheinbar widersprüchlichen Mustern festhalten. Das eine erzählt Ihnen: »Da draußen gibt es keine Hilfe. Du musst das ganz allein schaffen.« Das andere hingegen will Ihnen weismachen: »Das schaffst du doch alleine nicht. Du brauchst Hilfe. Jemand anderes weiß, was für dich das Beste ist.« Weder das eine noch das andere stimmt. Es gibt so viel Hilfe in diesem Universum – menschliche, geistige, Hilfe durch unser höheres Selbst, Hilfe aus der Natur. Manchmal brauchen wir diese Unterstützung und müssen es uns eingestehen und darum bitten. Aber gleichzeitig machen wir alle die Erfahrung, dass wir allein sind, an einem Ort, zu einer Zeit, in der niemand uns etwas abnehmen kann. All das hängt ganz von uns selbst ab. Die Meditation erhält zum Teil ihren Reiz dadurch, dass wir sie allein machen können oder auch zusammen mit anderen, ganz wie wir es brauchen.

*Hilfe annehmen*

Vielleicht tauchen jetzt Dutzende von Fragen in Ihnen auf. »Wie steht es denn damit? Sollte ich das wirklich tun? Ist dies richtig?« Sie müssen Ihre eigenen Antworten darauf finden. Ich habe Ihnen ein Schema an die Hand gegeben, einen Rahmen, den Sie selbst ausfüllen können. Über die Farben, Formen und Details entscheiden Sie ganz allein. Meditieren Sie über all diese Fragen und laden Sie Ihr Bewusstsein ein, daran teilzunehmen. Fragen Sie sich: »Was ist der richtige Weg für mich, um diese Übung zu praktizieren? Sollte ich sie wirklich machen? Sollte ich dabei jemanden um Hilfe bitten? Diese und jene Erfahrung habe ich in der Übung gemacht. Was bedeutet das?« Stellen Sie sich selbst alle diese Fragen und finden Sie heraus … dass Sie die Antwort wissen.

## Wut in positive, kreative Energie umwandeln

In der hinduistischen Mythologie wird die dunkle Göttin der Schöpfung und Zerstörung »Kali« genannt. Sie ist die große kosmische Mutter, schrecklich und schön zugleich, jenseits von Gut und Böse, voller ursprünglicher Energie. Sie erschafft und zerstört. Sie zerstört, was uns im Wege steht, unsere Illusionen, unsere Blindheit. Sie bringt uns Visionen und Verständnis. Indem wir unser altes Selbst zerstören, gebiert sie uns in das neue Leben hinein. Traditionell wird sie Segen spendend mit der einen Hand und zerstörend mit der anderen dargestellt.

Im tibetischen Buddhismus gibt es viele machtvolle geistige Beschützer, die unter den Anhängern als zornige Gottheiten bekannt sind. Der Legende nach bezwang Padmasambhava, als er den Buddhismus nach Tibet brachte, die heimischen bösen Geister und verwandelte sie in Beschützer des Dharmas (der buddhistischen Lehre). Auch in Japan findet man in den buddhistischen Tempeln häufig geschnitzte Schutzfiguren mit erschreckenden Gesichtern.

Jesus Christus predigte Liebe und Gewaltlosigkeit; als er jedoch im Hof des Tempels auf die Geldverleiher traf, warf er ihre Tische um und prangerte sie an.

*Wut ist menschlich!*

Zorn ist eine machtvolle Energie in jedem von uns, er ist einfach eine Gegebenheit der menschlichen Existenz, die nicht verleugnet, unterdrückt oder von uns zum Teufel gewünscht werden kann. Seine verletzende, zerstörende Kraft kann aber in eine positive, kreative Energie transformiert werden. Diese Möglichkeit wird in den Erzählungen und Lehren fast aller spirituellen Traditionen betont.

Über die meditative Methode der Kontemplation werden wir an unserer Wut arbeiten. Es ist möglich, sich die eigene Wut vor Augen zu halten, sie zu erkennen, sie genau verstehen zu lernen und den Dialog mit ihr aufzunehmen. Sich der eigenen Wut auf kontemplative Weise anzunähern ist schon ein radikaler Energiewandel. Ihre Wut in einen ruhigen, besinnlichen Raum einzuladen, den Sie in Ihrem Bewusstsein für sie bereitstellen, verhilft Ihnen bereits zu einer neuen Sicht der Dinge, zu einer anderen Erfahrung von Wut.

Blinde, unkontrollierte Wut ist eine äußerst destruktive und schmerzhafte Energie. Viele Menschen haben gelernt, Angst vor ihr zu haben. Es ist sehr wichtig, dann mit der eigenen Wut in Berührung zu kommen, wenn Sie nicht wütend sind, um sie besser kennen zu lernen. Meditieren Sie über Ihre Wut. Die meisten Menschen denken einfach nicht daran, über ihre Wut zu meditieren. Das entspricht nicht ihrer gewohnten Meditationspraxis. Versuchen Sie es einmal selbst. Nehmen Sie sich die Zeit, sich Ihre Wut genau anzusehen.

Kontemplation ist eine bestimmte Form der Meditation und unterscheidet sich deutlich davon, die Dinge immer wieder zu durchdenken. Sie sollten für diese Übung einen beschaulichen Platz herrichten oder finden. Wenn Sie schließlich damit beginnen, Ihre Wut aus nächster Nähe zu betrachten, wird die Energie große Ähnlichkeit mit dem Lesen eines Buches haben: ganz langsam lesen, immer wieder umblättern, wirklich jedes Wort aufsaugen und versuchen, alles zu verstehen. In der Kontemplation lesen Sie in sich selbst wie in einem Buch, Sie blättern die Seiten Ihrer eigenen Erfahrung um, saugen Ihr eigenes Wissen auf, sehen Ihr eigenes Spiegelbild und studieren sich selbst.

Mit der eigenen Wut in Berührung kommen

*Fangen Sie nun damit an, indem Sie sich auf die beschriebene Weise kontemplativ in die Meditation versenken. Setzen Sie sich dabei mit den folgenden Möglichkeiten auseinander: »Ich muss meine Wut nicht loswerden. Ich muss meine Wut nicht unterdrücken. Ich brauche mich von meiner Wut nicht beherrschen zu lassen. Ich muss andere mit meiner Wut nicht verletzen. Ich habe die Möglichkeit, meine Wut umzuwandeln. Wut ist eine kraftvolle Lebensenergie. Ich kann diese Energie dazu nutzen, mein Leben zu unterstützen.«*

*Am nächsten Tag oder wann immer Sie eine innere Regung dazu verspüren, zünden Sie eine Kerze an, setzen sich ruhig hin und umgeben sich mit der Klarheit Ihres Bewusstseins. Laden Sie Ihre Wut ein, in diese Klarheit, in dieses klare Licht, einzutauchen. Sagen Sie ihr, dass Sie sie besser kennen lernen möchten und dass Sie keine Angst vor ihr haben. Nehmen Sie wahr, welche Gedanken, Gefühle und Empfindungen dabei in Ihnen aufsteigen. Nehmen Sie sie ganz genau unter die Lupe. Was konkret macht Sie so wütend? Gibt es Muster oder immer wiederkehrende Situationen, die Ihre Wut provozieren? Wie drücken Sie diese Wut aus? Neigen Sie dazu zu explodieren oder haben Sie eher die Tendenz, sich in sich selbst zurückzuziehen? Gibt es bestimmte Menschen in Ihrem momentanen Leben oder in der Vergangenheit, auf die Sie wütend sind? Welche Gefühle haben Sie der Wut gegenüber?*

*Schreiben Sie all das auf, wenn Sie wollen. Nehmen Sie den Dialog mit Ihrer Wut auf. Was will sie Ihnen mitteilen?*
*Versuchen Sie nicht, mit all diesen Informationen irgendetwas anzufangen. Erwarten Sie keine Wunder. Untersuchen Sie einfach nur Ihre Wut. Während Sie darüber meditieren, kehren Sie hin und wieder zu ihrer Atmung zurück und zu dem Gedanken: »Diese Wut kann transformiert werden. Sie ist pure Lebensenergie.« Am Ende dieser Meditation danken Sie Ihrem Bewusstsein dafür, dass es für Sie da war, und Ihrer Wut dafür, dass sie so bereitwillig mit Ihrem Bewusstsein in Kontakt getreten ist.*

*Die Natur der Wut durchdringen*

Kontemplieren Sie an einem anderen Tag in Ihrer Meditation über die Natur der Wut an sich. Menschen schämen sich entweder ihrer Wut oder haben das Gefühl, dass sie gerechtfertigt ist. Wut ist eine sehr persönliche Sache. Nehmen Sie sich in Ihrer Meditation Zeit, um einen Schritt zurückzutreten und die Wut von einem universellen, philosophischen Standpunkt aus zu betrachten. Stellen Sie sie infrage, gehen Sie der Sache auf den Grund. Was ist Wut? Woher kommt sie? Ist sie schlecht? Ist sie gut? Können Sie ihre grundlegende Natur durchdringen und erkennen, dass Wut einfach nur Wut ist? Können Sie Wut als reine Energie erfahren?
An einem anderen Tag wiederum betrachten Sie Ihre Wut einmal als einen Spiegel. Die Basis für diese Kontemplation ist folgende: Was auch immer mich an einer anderen Person oder in meinem Leben ärgerlich macht, spiegelt etwas von mir selbst

wieder. Wie kann ich mit dieser Eigenschaft in mir selbst umgehen?

An wieder einem anderen Tag kehren Sie zu der Betrachtung einer bestimmten, immer wiederkehrenden Situation in Ihrem Leben zurück, die Sie wütend macht. Setzen Sie sich hin, spüren Sie Ihrem Atem nach und tauchen Sie in diese Meditation ein. Stellen Sie sich die Situation vor, um die es geht, und untersuchen Sie sie. Denken Sie daran, dass Wut eine kraftvolle Energie ist. Wie müssen Sie in dieser Situation mit Ihrer Kraft umgehen? Welche Wahl haben Sie? Was verlangt Ihnen Ihre Wut ab? Oft treibt uns Wut zum Handeln an. Stellen Sie sich vor, dass Sie zwischen verschiedenen Möglichkeiten auswählen können und wie Sie reagieren. Wie fühlen Sie sich in der jeweiligen Situation? Beispielsweise könnte es an Ihrem Arbeitsplatz jemanden geben, der Sie wütend macht. Sie könnten einige der in diesem Buch vorgestellten Übungen anwenden, um Ihre Energie aus der Situation zu lösen, um aufzuhören, auf diese Person immer wieder zu reagieren und dadurch Energie zu verlieren. Oder vielleicht müssen Sie sich mit ihm oder ihr auch einfach auseinander setzen. Ist die Person ein Spiegel für Sie? Gibt es etwas, was sie Ihnen über Sie selbst zeigen soll? Ist die Situation wirklich gegen Sie gerichtet? Sollten Sie etwas unternehmen, um sich zu schützen? Es gibt so viele Möglichkeiten, wie es unterschiedliche Situationen gibt.

Die beschriebenen kontemplativen Meditationsformen können für all jene unter uns sehr nützlich sein, die mit ihrer Wut in Berührung kommen wollen. Auf Kissen einzuschlagen und zu schreien ist nicht jedermanns Sache, und viele Menschen haben das Gefühl, dass eine solche Reinigung zwar gut tut, die Wut aber nicht automatisch transformiert. Sie lässt die gewohnten Reaktionen häufig völlig unangetastet. Über die eigene Wut nachzudenken und sie zu erkunden sowie die grundlegende Natur der Wut unter die Lupe zu nehmen kann hingegen dazu beitragen, die Wut aus ihrem Schlupfwinkel hervorzulocken.

*Positive Seiten der Wut*

Denken Sie bei Ihren Kontemplationen an die Geschichten, die ich am Anfang dieses Kapitels angeführt habe. Sie stammen aus drei der größten spirituellen Traditionen der Welt. Diese Geschichten erzählen uns eine ganze Menge über die positiven Aspekte der Wut. Durch die Göttin Kali erfahren wir etwas über das Annehmen von Wut als einen Teil unserer selbst. Wir sind sowohl Licht als auch Schatten. Wir haben unsere Schattenseiten, erfahren ständig Schöpfung und Zerstörung in unserem Leben. Wir werden geboren und wir sterben. Es ist unmöglich, Tod und Verlust, die zerstörerischen Kräfte des Universums zu verleugnen. Die Erde selbst hat ihre Gezeiten, Erdbeben, Wirbelstürme und Hochwasser – so wie auch wir. Unsere inneren Stürme fegen durch uns hindurch, zerstören alte Ängste und Daseinsformen. Wut kann reinigend sein, wenn wir sie zu würdigen wissen, an ihr arbeiten und sie als reine Form der Energie erleben.

So wie uns Kali die Akzeptanz von und das Verständnis für Wut lehrt, so stehen die tibetischen Gottheiten wiederum für einen anderen machtvollen Aspekt der Wut. Wenn wir wütend sind, versuchen wir häufig nur, uns zu schützen. Wenn wir angegriffen werden, wollen wir zurückschlagen. Der Instinkt, uns selbst, unsere Lieben und unser Land zu verteidigen, ist alt und tief verwurzelt. Wut kann ein Weg sein, sich selbst zu definieren, Grenzen zu setzen und sein eigenes energetisches Territorium abzustecken. Teenager benutzen Wut häufig in diesem Sinne. Dieser schützende, territoriale Aspekt der Wut ist ein weiteres Thema für eine kontemplative Betrachtung. Wenn es eine immer wiederkehrende Situation gibt, die Sie wütend macht, dann fragen Sie sich doch einmal: »Was versuche ich zu schützen oder zu verteidigen? Werde ich wirklich angegriffen oder fühlt es sich nur so an?«

Die Übungen im Kapitel »Grenzen setzen und Energie erhalten« können hilfreich sein in Situationen, in denen man sich angegriffen fühlt. Vielleicht sollten Sie üben, Ihre Energie zurückzunehmen, und Übungen zum psychischen Selbstschutz machen. Möglicherweise fühlt sich auch das Kind in Ihnen bedroht. Oder eine aktuelle Situation wühlt alte Ängste und Wut in Ihnen auf. Brauchte Ihr inneres Kind vielleicht Schutz? Machen Sie die Hauptübung »Energie aus alten seelischen Mustern freisetzen«, um an der Wut zu arbeiten, die aus alten Kindheitserlebnissen stammt.

In Ihrer Kontemplation können Sie sich Ihre Wut als eine Schutzfigur vorstellen – einen Ritter, eine Tigerin oder ein leuchtendes Licht –, was auch immer für Sie stimmig ist. Ehren Sie diese schützende Energie, danken Sie ihr und bitten Sie sie, Ihnen auch weiterhin Schutz zu gewähren. Das Bild von der zornigen Gottheit enthält eine tiefe transformatorische Energie. Die negative, zehrende und zerstörende Energie der Wut kann durch das Bewusstsein in einen machtvollen Schutz umgewandelt werden. In der Geschichte von Jesus zeigt uns die Wut noch ein anderes Gesicht: gerechten Zorn, verbunden mit der Kraft der Motivation; Wut, die uns die Energie gibt, mit der wir Ungerechtigkeit und Unterdrückung begegnen können. Das ist die Art von Wut, die weder aus dem Wunsch nach Kontrolle und Dominanz noch aus einem Gefühl der Machtlosigkeit und Frustration entsteht. Das ist Wut, die Veränderung und Transformation erfordert – Wut, die uns wachrüttelt. Diese Wut brauchen wir auf der Welt.

*Die motivierende Kraft der Wut spüren*

Denken Sie eine Weile über diese Wut nach. Wie erleben Sie diese Form des Zorns in sich selbst? Können Sie Ihre Wut als eine motivierende Kraft erleben? Auch hier gilt wieder: Was will Ihnen diese Wut mitteilen, das Sie *tun* sollen? Spüren Sie die Kraft dieser Wut, die eine Klarheit in sich trägt, eine Weisheit, eine deutliche Stimme, die uns sagt: »Das ist nicht in Ordnung. Achtung, hier muss etwas passieren!«

Meditieren Sie auch darüber, welches Verhältnis Macht und Machtlosigkeit zur Wut haben. Explosive Wut erlaubt es Menschen, sich kurzfristig machtvoll zu fühlen. Unterdrückte Wut dagegen erzeugt ein Gefühl der Machtlosigkeit. Wenn Sie wieder einmal über die Wut meditieren, dann lassen Sie das körperliche Gefühl von Wut zu. Denken Sie: »Ich bin wütend.« Atmen Sie diesen Gedanken durch Ihren ganzen Körper. Erinnern Sie sich an ein Erlebnis mit der Wut und stellen Sie fest, was dabei in Ihrem Körper geschieht. Nehmen Sie die Kraft der Wut wahr, das innere Ersticken, das Sich-Festkrallen; die Kraft, Anspannung zu erzeugen sowie Erstarrung, Hitze und Schübe von Energie im Körper hervorzurufen. Was auch immer Sie dabei herausbekommen, erkennen Sie die Kraft der Wut an und fragen Sie sich selbst: »Wie kann ich diese Kraft in meinem Leben nutzen?« Bleiben Sie mit diesen körperlichen Empfindungen so lange sitzen, bis sie verflogen sind. Stellen Sie sich die Empfindungen als reine Energie vor, die Ihnen zur Verfügung steht, um Ihr Leben jetzt zu unterstützen.

*Über die eigene Wut meditieren*

Dieses ganze Kapitel oder Teile davon können als eine Betrachtung über die Wut verstanden werden. Nehmen Sie sich einen Tag lang, eine Woche oder auch nur pro Woche eine halbe Stunde am Tag Zeit, um über Ihre Wut zu meditieren. Schaffen Sie in sich Raum für die Kontemplation, atmen Sie ruhig ein und aus, lesen Sie ein Stück von diesem Kapitel und denken Sie über die hier angeschnittenen Themen und Fragen nach. Sie können Ihre Einsichten und Erfahrungen auch im meditativen und reflektierenden Zustand aufschreiben. Fühlen Sie es und nehmen Sie auch wirklich auf, was Sie schreiben, atmen Sie es ein. Sie werden feststellen, dass das Bewusstsein der Wut, das in diesem äußeren Raum der Ruhe zu Ihnen kommt, auch langsam in anderen Situationen auftaucht. Ihr Erleben von Wut wird sich verändern. Und auch Ihre gewohnte Reaktion wird sich ändern: Sie werden Wut mit einem meditativen Geisteszustand in Verbindung bringen. Sie werden Energie aus der Wut freisetzen, die mit Ihnen und für Sie arbeiten kann. Das wird Ihnen helfen, mit aller Klarheit zu handeln und zu kommunizieren.

Wenn Sie Zeit damit verbracht haben, über Ihre Wut zu meditieren, als Sie gerade nicht wütend waren, dann ist es umso wahrscheinlicher, dass Ihr Bewusstsein sich meldet, wenn Sie wütend sind. Während Sie wie gewohnt reagieren, werden Sie eine Stimme vernehmen. Sie wird Ihnen sagen: »Warte einen Moment ab! Was passiert hier eigentlich? Was muss ich jetzt wirklich tun? Welche Möglichkeiten habe ich?«

Es erfordert ein wenig Disziplin, um auf diese Weise mit Ihrer Wut zu meditieren. Die meisten Menschen wollen aus ihrer Meditation Erleichterung, Ruhe und Stille schöpfen. Wut wird hingegen in der Regel als etwas Negatives, als eine störende Energie angesehen. Es ist eine simple Tatsache, dass die meisten Menschen lieber stundenlang um ihre Wut wie um den heißen Brei herumschleichen, gern darüber reden, wie und auf wen sie wütend sind, statt eine Viertelstunde lang damit zu verbringen, aktiv an der Umwandlung ihrer Wut zur arbeiten, wenn sie gerade nicht wütend sind. Sie haben die Wahl.

# Angst ist Energie

Sicherlich wissen Sie selbst, wie Angst sich anfühlt. Wenn nicht, dann können Sie dieses Kapitel getrost überspringen. Aber es ist recht wahrscheinlich, dass auch Ihnen Herzklopfen, feuchte Hände und der trockene Mund der Angst vertraut sind. Vielleicht wissen Sie, dass sich die Angst bevorzugt im Solarplexus festsetzt; Sie haben bestimmt schon erlebt, wie es sich anfühlt, wenn einem der Magen in die Knie rutscht und im Boden zu versinken scheint. Möglicherweise ist Ihnen auch ein Gefühl der ständigen Beunruhigung, des Unbehagens, einer gewissen Nervosität vertraut, das Sie ohne bestimmten Grund befällt.

Angst entsteht aus vielen Gründen. Es gibt eine Angst, die lediglich die Antwort auf von Ihnen empfundene Gefahr in der Außenwelt ist. Beobachten Sie beispielsweise ein Reh, eine Katze oder einen Hund, der plötzlich einen möglichen Eindringling oder eine Bedrohung wahrnimmt. Der ganze Körper des Tieres steht dann unter Spannung, alle seine Sinne gehen in Alarmstellung. Das ist die »Kampf-oder-Flucht-Haltung«. Daneben gibt es die Angst, die lediglich eine erlernte Reaktion ist. Es gibt Kinder, die ihre ganze Kindheit damit verbringen, auf Zehenspitzen um die Erwachsenen herumzuschleichen, weil sie nie wissen können, wann den Erwachsenen der Kragen platzt und ihr Ärger losbricht. Angst wird dann zur Gewohnheit. Man lernt, mit der Angst aufzuwachen und mit ihr einzuschlafen. Es gibt so viele Ursachen für Angst. In diesem Kapitel geht es aber nicht um die Wurzeln und Quellen der Angst, sondern vielmehr darum, Angst auf eine andere Weise zu erleben, sie in reine Energie umzuwandeln.

*Setzen Sie sich in meditativer Haltung hin, zentrieren Sie sich und rufen Sie das Gefühl der Angst in sich wach. Genau wie bei der Wut ist es am besten, wenn Sie dies zunächst dann tun, wenn Sie keine Angst haben. Laden Sie das Gefühl der Angst in Ihr Bewusstsein ein. Erinnern Sie sich jetzt daran, wie es sich anfühlt – nehmen Sie vor allem Ihre körperlichen Empfindungen bewusst wahr. Wo sitzt die Angst in Ihrem Körper? Wo hängt sie fest? Das kann im Solarplexus sein. Oder Sie verspüren ein Gefühl der Enge in der Brust, ein Kribbeln in den Händen. Bleiben Sie mit Ihrer Vorstellung einfach bei diesem Gefühl und lassen Sie zu, dass es geschieht. Sagen Sie zu sich selbst: »Es ist nur Energie.« Atmen Sie in die Angst hinein.*

Bewusst in die Angst hineinatmen

Wenn Sie sich von Ihren Empfindungen überwältigt fühlen, dann stehen Sie auf und gehen Sie ein wenig hin und her, trinken Sie ein Glas Wasser und unterbrechen Sie die Übung, die Sie zusammen mit einem Freund oder Heiler in Ihrer Nähe wieder aufnehmen können. Wenn Sie in Ihren Empfindungen bleiben, werden diese sich verändern, werden schmelzen, in Bewegung kommen und anfangen zu fließen. Sie werden spüren, wie Wellen

*Angst ist Energie*

von Energie durch Ihren Körper strömen. Vielleicht verspüren Sie Wärme oder ein Kribbeln. Sobald die Energie fließt, kommt ein Gefühl des Friedens auf. Ihre Atmung wird ruhiger und gleichmäßiger. Sie werden den Energiefluss deutlich in Ihrem Mund spüren, wenn der Speichel zu fließen beginnt. Sagen Sie sich: »Es ist nichts als Energie. Energie, die sich bewegt. Energie, die jetzt meinem Leben zur Verfügung steht, damit ich das tun kann, was ich möchte.«

Es kann sein, dass Sie abwechselnd Wellen des Friedens und Ausbrüche von Angst verspüren. Die Energie kommt vielleicht zur Ruhe und kehrt dann plötzlich in ihren alten Zustand zurück, mit allen dazugehörigen Empfindungen. Bleiben Sie in diesem Zustand, solange Sie wollen. Dann stehen Sie auf, trinken einen Schluck Wasser und bewegen sich. Umgeben Sie sich mit dem goldenen Licht. Vielleicht sind Sie von innerem Frieden erfüllt oder Sie fühlen sich unbehaglich. Wenn Energie beginnt, sich in Bewegung zu setzen, ist das nicht immer angenehm. Dies kann Sie tiefer in andere Emotionen hineinführen, die häufig in einem engen Zusammenhang mit der Angst stehen: Wut und Kummer.

Falls Sie Panikattacken bekommen, sollten Sie diese Übung unbedingt mit einem erfahrenen Therapeuten oder Heiler durchführen. Es kann sehr hilfreich sein, sich zu vergegenwärtigen, dass in Panikattacken enorm viel Energie steckt. Zu lernen, sie als reine Energie zu erfahren, inmitten der Panik bewusst zu bleiben, kann Ihr Erleben völlig verändern. Meist werden Panikattacken dadurch verstärkt, dass der Betroffene vor der Attacke selbst Angst hat – Angst vor dieser mächtigen Energie, die ihn zu überwältigen droht. Die Angst vor der Attacke verstärkt dann wiederum die Attacke selbst.

Angst ist Energie. In ihrer reinen Form ist sie Ihre eigene konzentrierte Lebensenergie, die sich als Reaktion auf eine Bedrohung angestaut hat. Sie erfüllt den Sinn, Sie zu beschützen. Wenn Sie sehr oft Angst haben oder unter unspezifischen Angstzuständen leiden, sollten Sie am besten regelmäßig mit den Übungen aus den Kapiteln »Grenzen setzen und Energie erhalten« sowie »Psychischer Selbstschutz« arbeiten.

Zu Beginn dieses Kapitels ging es zunächst um die »Kampf-oder-Flucht-Haltung«. Angst fordert uns, genauso wie Wut, zum Handeln auf. Und dennoch sagen viele, dass ihre Angst sie buchstäblich lähme. Wenn Sie häufig beunruhigt und nervös sind und in Ihrem täglichen Leben ständig kleinere Wellen der Angst verspüren oder größere Ausbrüche von Angst vor Ihren eigenen Fähigkeiten, vor Erfolg oder Ihrem Selbstausdruck erleben, dann hilft Ihnen Bewegung. Tanzen Sie jeden Tag. Gehen Sie spazieren, laufen Sie, machen Sie Gymnastik oder spielen Sie Tennis. Die Angst will Ihnen mitteilen: *»Beweg dich!* Bleib nicht stehen, bleib nicht stecken!« Wenn Sie an etwas denken, was Sie tun wollen, an jemanden, mit dem Sie sprechen müssen, an etwas, wovor Sie Angst haben, und sich dabei festgefahren fühlen, dann stehen Sie auf, schütteln Sie Ihren ganzen Körper aus und gehen Sie an die frische Luft. Die durch die Bewegung freigesetzte Energie wird Ihnen helfen, das zu tun, wovor Sie Angst haben – vielleicht heute, morgen oder in einer Woche.

*Die Gehmeditation ist eine großartige Möglichkeit, um den in der ersten Übung beschriebenen meditativen Ansatz mit dem Appell der Angst zur Bewegung zu verbinden. Statt sich während der Meditation hinzusetzen, gehen Sie raus und suchen Sie sich einen Weg, auf dem Sie langsam und meditativ gehen können. Richten Sie Ihren Blick dabei auf den Boden, auf Ihre gehenden Füße. Spüren Sie den Boden unter Ihren Füßen. Achten Sie auf Ihre Atmung und fangen Sie an zu gehen, ganz langsam. Spüren Sie jeden Schritt ganz bewusst. Nehmen Sie mit jedem Schritt einen neuen Atemzug. Schenken Sie der Unterstützung der Erde Beachtung und danken Sie ihr. Atmen Sie ganz ruhig ein und aus. Die Erde verankert und erdet Sie. Gehen Sie, solange Sie wollen. Sie können auch abwechselnd gehen oder laufen.*

Gehmeditation

Suchen Sie sich einen Baum, unter den Sie sich setzen können, und bitten Sie ihn darum, Ihre Angst aufzunehmen. Erde, Bäume und Himmel werden Ihre Angst davontragen, wenn auch vielleicht nur für einen Augenblick.

Sie können eine Veränderung in Ihrem Erleben von Angst erfahren. Sie können spüren, welche Energie dahinter steckt. Sie können damit aufhören, die Angst als etwas anzusehen, was Sie lähmt und Sie davon abhält zu tun, was Sie wollen. Dann werden Sie die Angst als Energie erleben, die Sie in Bewegung bringen und beschützen will. Erwarten Sie aber keine Wunder!

Die Angst verschwindet nicht einfach so aus Ihrem Leben. Sie können jedoch Ihre eigene Beziehung zur Angst verändern. Sie kann zu einer helfenden Freundin werden. Das kleine Wunder ist, dass Sie diese Transformation einen Augenblick lang – heute, jetzt – erleben können.

## Energie durch Selbstausdruck freisetzen

Dies ist eine sehr einfache Geschichte.

Was Sie schon immer tun wollten, um sich selbst auszudrücken, tun Sie es einfach und tun Sie es wieder! Singen, tanzen, schreiben, spielen, zeichnen Sie, sprechen Sie mit anderen Menschen, umarmen Sie sie, gehen Sie spazieren und setzen Sie sich unter einen Baum, klettern Sie auf einen Berg, erzählen Sie eine Geschichte, stricken Sie einen Pullover, malen Sie ein Bild, lachen und weinen Sie, schreiben Sie ein Gedicht, einen Roman oder einen Artikel. Unternehmen Sie eine Reise, kaufen Sie sich ein neues Kleid, streichen Sie Ihr Wohnzimmer neu, machen Sie Sex auf eine andere Weise oder zu anderen Zeiten, machen Sie ein Retreat, beschäftigen Sie sich mit Astrologie, Computern oder dem höheren Finanzwesen. Bauen Sie ein Haus, machen Sie eine Skulptur, arbeiten Sie mit Holz, lernen Sie eine neue Sprache, kreieren Sie ein Ritual …

*Der eigenen Kreativität freien Lauf lassen*

Seit Anbeginn unserer Geschichte singen und tanzen Menschen, erzählen Geschichten, sitzen gemeinsam um ein Feuer unter dem weiten Nachthimmel. Sie weinen und lachen. Unsere Lebenskraft fordert ihren Tribut: Sie will zum Ausdruck kommen. Ganz im Hier zu sein, in diesem menschlichen Körper, bedeutet, der Lebenskraft zu erlauben zu fließen, in Bewegung zu kommen, zu sprechen und zu singen. Tun Sie all das für sich allein oder gemeinsam mit anderen Menschen, in einem Kurs, irgendwo, irgendwie. Ihre Energie wird aufblühen und wachsen. Je mehr Sie Ihrer schöpferischen Energie Ausdruck verleihen, umso mehr werden Sie davon auch haben.

Warten Sie nicht länger! Fangen Sie noch heute damit an, ein wenig von dem zu tun, was Sie immer schon tun wollten. Denken Sie nicht, dass Sie keine Zeit haben. Singen Sie auf Ihrem Weg zur Arbeit. Tanzen Sie, während Sie das Abendessen vorbereiten, schreiben Sie fünf Minuten, bevor Sie zu Bett gehen. Es gibt keine Ausreden! Das Leben gibt Ihnen den Raum zu leben, selbst in unserer modernen, stressigen Welt. Wenn körperliche Einschränkungen Sie davon abhalten, etwas zu tun, was Sie früher gern getan haben, dann suchen Sie sich einfach ein neues Steckenpferd.

*Fangen Sie noch heute damit an, sich auszudrücken*

Und sobald Sie angefangen haben, etwas zu tun, was Sie schon immer tun wollten – versuchen Sie es einmal mit etwas, was Ihnen bisher niemals in den Sinn gekommen wäre.

# Liebe ist Energie

Liebe ist Energie. Liebe nährt, bejaht und erhält die für uns so unentbehrliche Lebensenergie. Liebe ist etwas, wovon wir stets mehr haben wollen. Wir können Liebe von anderen bekommen, können sie uns selbst geben und ihre universelle Gegenwart spüren.

Liebe gibt es im gesamten Universum. Sie ist hier, in diesem Moment, bei Ihnen, sie atmet mit Ihnen, bewegt sich mit Ihnen und denkt mit Ihnen. Sie können sie in Ihr Leben einladen. Bitten Sie sie darum: »Liebe, bitte komm zu mir, sei bei mir, lass mich dich erfahren.«

Oft wird uns gesagt, dass wir uns selbst lieben sollten, aber die meisten von uns haben keinen blassen Schimmer, wie sie das anfangen sollen. Hier nun ein ganz greifbarer Weg, sich selbst zu lieben:

Liebe einatmen

*Verbringen Sie einige Minuten nach dem Aufwachen oder vor dem Einschlafen damit, sich selbst zu lieben. Liegen Sie einfach nur da und atmen Sie Liebe ein. Erinnern Sie sich an eine Zeit, in der Sie sich wirklich geliebt fühlten und selbst liebten. Rufen Sie sich die Erfahrung der Liebe ins Bewusstsein. Dann richten Sie Ihre Aufmerksamkeit auf den oberen Teil Ihres Kopfes. Lieben Sie Ihren Kopf – Ihre Haare, Ihr Gehirn, die Knochen Ihres Schädels, Ihre Augen und Ohren, Ihre Nase und Ihre Zunge. Gehen Sie nun mit Ihrer Aufmerksamkeit durch den gesamten Kopf und spenden Sie ihm Liebe, indem Sie Liebe für all diese verschiedenen und besonderen Aspekte Ihres einzigartigen Selbst empfinden. Achten Sie darauf, wo Sie auf Widerstände stoßen. Vielleicht haben Sie Ihre Nase noch nie besonders gemocht. Tun Sie Ihr Bestes, um das entsprechende Körperteil in Ihrem Bewusstsein einfach nur liebevoll zu umarmen.*

*Gehen Sie auf diese Weise Ihren ganzen Körper durch. Achten Sie auf jedes Organ, auf die Venen und Arterien, auf die Nerven und Zellen. Vielleicht stellen Sie fest, dass es Ihnen schwer fällt, Ihre Aufmerksamkeit über längere Zeit aufrechtzuerhalten. Sie kommen beispielsweise bei Ihrem Hals an und merken, dass Sie sich in Gedanken damit herumplagen, was Sie morgen alles zu tun haben. Kehren Sie dann einfach zu sich selbst zurück und nehmen Sie Ihre Erfahrungen wahr: die Widerstände, die Ängste, die Begegnung mit Teilen von Ihnen selbst, die Sie noch nie mochten. Sie werden sehen, dass die Liebe manchmal leicht in Fluss kommt und dass man zu anderen Zeiten hart daran arbeiten muss. Wenn Sie diese einfache Übung machen, gehen Sie eine Beziehung zu sich selbst ein und verpflichten sich zur Selbstliebe.*

Wenn Liebe leicht und von selbst fließt, haben wir unglaublich viel Energie. Wenn sie blockiert zu sein scheint, fühlen wir uns ausgelaugt. Je mehr Sie sich von Liebe durchströmen lassen und sie zu sich einladen können, umso mehr wird sie fließen, und umso mehr Energie wird Ihnen zur Verfügung stehen. Nun werde ich Ihnen noch eine andere Art vorstellen, dies zu tun. Nutzen Sie dabei Ihre Vorstellungskraft.

*Stellen Sie sich vor, dass Sie nichts weiter als ein Gefäß sind, ein Sammelbecken für die Anwesenheit der Liebe. Liebe drückt sich durch Sie aus, erfährt sich selbst durch Sie. Wenn Sie Gegenstände anfassen, ein Buch zur Hand nehmen, eine Tasse Tee abstellen, Geschirr spülen oder die Hand eines anderen Menschen berühren, dann stellen Sie sich einfach vor, dass Liebe durch Sie hindurchfließt. Liebe ist Berührung, Ergreifen und Halten. Fühlen Sie die Zärtlichkeit in Ihrer Hand für den Gegenstand, den Sie anfassen. Wenn Sie sich bewegen, bewegt sich die Liebe mit Ihnen. Wenn Sie sprechen, spricht auch die Liebe.*

Liebe ist Berührung

*Dies ist kein abgehobener spiritueller Zustand, der nur von Heiligen oder Gurus erreicht wird. Es ist eine Erfahrung, die uns allen offen steht.*

Liebe gibt uns Energie, aber heutzutage scheint es viele Hindernisse zu geben, die dem »Einfach-nur-Lieben« im Wege stehen. Lassen Sie uns zunächst gemeinsam einen Blick darauf werfen. Am Ende des Kapitels werden Sie dann weitere Meditationen finden, um die Erfahrung von Liebe zu praktizieren.

*Sich selbst nicht verlassen*

Eine der immer wiederkehrenden Fragen, die Menschen mir stellen, lautet: »Wie kann ich lieben, wenn ich niemandem vertrauen kann? Ich bin so oft verletzt worden. Ich habe solche Angst, verlassen zu werden.« Bitte machen Sie sich zuallererst bewusst, dass der eine Mensch, der Sie niemals verlassen kann, Sie selbst sind. Gehen Sie eine Verpflichtung mit sich selbst ein: »Ganz gleich, was passiert, ich werde bei mir bleiben. Ich werde mich selbst lieben. Ich werde mich um mich selbst kümmern.« Auch Ihr Atem ist ein wunderbares Symbol für diese Verpflichtung, diese Liebe zu sich selbst. Solange Sie Sie selbst sind, in dieser körperlichen Form, ist Ihr Atem immer bei Ihnen – er unterstützt und nährt Sie. Wenn Sie sich ungeliebt fühlen, selbst gerade niemanden lieben und Ihr Energieniveau deswegen niedrig ist, dann halten Sie inne und nehmen Ihren Atem bewusst wahr. Spüren Sie, wie er Sie nährt. Empfinden Sie Ihren eigenen Atem als Liebe, als Leben spendende Energie. Wenn Sie Ihren Atem auf diese Weise erfahren, erneuern Sie Ihre Verpflichtung sich selbst gegenüber: Sie bleiben bei sich, Sie verlassen sich selbst nicht.

Müssen Sie darauf warten, bis Sie wieder uneingeschränktes Vertrauen haben, um wieder lieben zu können? Unsere Lebenserfahrung lehrt uns, wachsam gegenüber anderen zu sein, zu wissen, dass auch sie aggressiv oder verletzend sein können. Menschen wollen ihr Herz öffnen, wollen bedingungslos lieben, aber ihre innere Wachsamkeit ermahnt sie: »Sei vorsichtig! Sei wachsam! Lauf mit offenen Augen durchs Leben.« Erst durch schmerzhafte Erfahrungen haben wir gelernt, nicht jedem zu vertrauen. Diese Lektionen sollten wir nicht vergessen. Nur die Erfahrung, die wir mit einem Menschen machen, wird uns zeigen, ob wir ihm vertrauen können. Aber selbst wenn ein Mensch absolut verlässlich und immer für Sie da ist, können die Umstände diesen Menschen von Ihnen trennen. Sie wissen nicht, was die Zukunft Ihnen bringt. Und Sie können nicht warten, bis Sie die absolute Sicherheit haben, dass jemand immer für

Sie da sein und Sie niemals verlassen wird, bevor Sie sich dazu entschließen, ihm Ihre Liebe zu geben. Es liegt in der Natur der Liebe, dass sie mit Risiko verbunden ist, mit Unsicherheit und der Möglichkeit des Verlusts. Wenn Sie mehr Liebe in Ihrem Leben erfahren wollen, müssen Sie sich der Verwirrung, den Sorgen und dem Schmerz genauso öffnen wie der Freude und dem Vergnügen.

*Liebe kann schmerzhaft und verwirrend sein*

Liebe ist verwirrend. Ich höre viele Menschen sagen: »Wenn ich mir nur über meine Gefühle für diesen Menschen klar werden könnte, wäre es um so vieles leichter.« Akzeptieren Sie es einfach! Menschliche Liebe ist nicht klar. Sein Herz zu öffnen bedeutet, Unklarheit, Verwirrung und gemischte Gefühle anzunehmen. Ein offenes Herz ist willig und dazu bereit, voller Freude und Liebe, manchmal aber auch wütend, verwirrt und sogar verletzt zu sein. Es ist bereit zu wünschen und Wünsche aufzugeben. Es bittet, gibt, erhält, es geht aus sich heraus und zieht sich in sich selbst zurück. Durch das Wissen darum, dass wir nicht immer Klarheit haben können, entsteht eine Zärtlichkeit, entsteht Erleichterung. Energie wird freigesetzt.

Manchmal lernen wir schon ganz früh in unserem Leben das zu lieben, was nicht gut für uns ist. Wenn wir als Kind die Liebe und die Zustimmung eines Elternteils haben wollten, der nicht in der Lage war, uns diese zu geben, kann es passieren, dass wir unser Leben damit zubringen, Liebe dort zu suchen, wo wir sie wahrscheinlich nicht finden werden. Wir können uns aber des Unterschieds zwischen Liebe und der Anziehungskraft unserer alten Familiengeschichte bewusst werden. Wenn Sie die Übungen zur Selbstliebe in diesem Kapitel machen, werden Sie mit dem Gefühl, dem Wesen und der Energie der Liebe vertrauter. Und mit wachsender Vertrautheit werden Sie in Ihren Beziehungen zu anderen Menschen nach dieser Erfahrung suchen und anfangen, von dieser Energie in anderen angezogen zu werden.

*Bedingungslose Liebe*

Menschen sehnen sich danach, bedingungslose Liebe zu geben und zu empfangen. Stellen Sie sich doch einmal selbst die Frage: »Ist das wirklich realistisch?« Eine Menge Energie geht dadurch verloren, dass wir uns selbst und andere an einem unerreichbaren Ideal messen. Vielleicht erfahren wir bedingungslose Liebe durch das Göttliche, durch Gott und Mutter Erde. Vielleicht ist unsere menschliche Liebe fast immer an Bedingungen geknüpft, ganz gleich welcher Art. Wir erhaschen einen Funken dieser göttlichen Liebe in uns selbst, erleben Augenblicke der völligen Akzeptanz und Umarmung. Dies sind wunderschöne, energetisierende und nährende Momente. Aber menschliche Wesen haben nun einmal Bedürfnisse und Wünsche. Und eine andauernde Beziehung zu einem anderen Menschen muss dieser Tatsache einfach Rechnung tragen. Es besteht ein riesiger Unterschied zwischen bedingungsloser Liebe und der Unterdrückung unserer Bedürfnisse und Wünsche, weil wir uns mit ihnen unwohl fühlen oder Angst haben, sie zu äußern.

Heutzutage ist folgendes Glaubenssystem, das immer mehr Anhänger findet, eine potenzielle Blockade: »Mein Intimpartner sollte alle meine Bedürfnisse erfüllen.« Viele Menschen kommen zu mir mit einem Katalog all der Bedürfnisse, die in ihrer Partnerschaft nicht befriedigt werden. Es ist sicherlich wichtig, genau zu untersuchen, welche Bedürfnisse nicht erfüllt werden und wie man gemeinsam damit umgehen kann. Es ist aber auch wichtig, über Folgendes nachzudenken: Vielleicht geht es bei der Liebe gar nicht um die Befriedigung von Bedürfnissen. Vielleicht ist es nur das Kind in uns, das in diesem Moment seine Stimme erhebt. Wir geraten in Schwierigkeiten, wenn wir glauben, der andere sei unsere Mami oder unser Papi und würde uns all das geben, was Mami oder Papi uns nie gegeben haben. Liebe bedeutet zuweilen auch, die Vorstellung aufzugeben, dass das Kind in uns jemals alles bekommt, was es bisher nicht bekommen hat. Ganz gleich, wie viel Liebe Sie erfahren, die Erfahrungen Ihres inneren Kindes werden auch weiterhin aus Ihrem Inneren auftauchen und Ihre Reaktionen auf Ihren Partner beeinflussen. Ständige Aufmerksamkeit für das eigene innere Kind (siehe dazu auch das Kapitel »Energie aus alten seelischen Mustern freisetzen«) kann Ihnen helfen, zwischen den alten Nöten des Kindes in Ihnen und den Wünschen und Bedürfnissen zu unterscheiden, die wir als Erwachsene in unseren Beziehungen haben.

*Unsere Erwartungen an die Liebe*

Darüber hinaus suchen Menschen heutzutage nach Sinn, Erfüllung, einem Ziel, nach Zustimmung und Unterstützung. Sehr häufig versuchen sie, all das in einer intimen Beziehung zu finden. Das setzt diese Beziehung enorm unter Druck. Mit Sicherheit ist Partnerschaft ein wundervoller spiritueller Weg, ein Weg zu Wachstum und Öffnung, zum Loslassen des Egos und zur Erfahrung von Einheit, aber sie ist nur eine von vielen Möglichkeiten, all dies zu tun. Um mit einem anderen Menschen intim sein zu können, müssen wir zuallererst mit uns selbst intim sein und unsere Verbindung mit etwas Größerem als uns selbst erfahren. Wir können unseren Partner als eine Form des Göttlichen wahrnehmen, wenn wir aber von ihm oder ihr erwarten, Gott selbst zu sein, dann sind unsere Probleme vorprogrammiert.

*Sich in Beziehungen verlieren*

Eine der größten Ängste, die viele in Bezug auf die Liebe zu einem anderen Menschen haben, ist die Angst, sich selbst in der Beziehung zu verlieren. Sehr viele Menschen haben die Erfahrung gemacht, sich selbst für einen anderen aufzugeben und ihre Identität zu verlieren, um die »Liebe« des anderen nicht zu verlieren – für ein Elternteil in ihrer Kindheit oder einen Partner in ihrem derzeitigen Leben. Viele Menschen, die ich treffe, sind das, was ich »Verschmelzer« nenne. Dies sind extrem mitfühlende Menschen, die den Gefühlen, Gedanken und Bedürfnissen anderer gegenüber höchst sensibel sind. Gewöhnlich haben sie ganz früh in ihrem Leben gelernt, dass dieses mitfühlende Verschmelzen – das Wissen um und die Reaktion auf die Bedürfnisse anderer, bevor diese ihre Bedürfnisse überhaupt ausgesprochen haben – das ist, was man gemeinhin »Liebe« nennt. Verschmelzer verlieren sich häufig in der dominierenden und bedürftigen Energie eines Elternteils oder, wenn der Elternteil emotional unerreichbar ist, verspürt das Kind einen verzweifelten Hunger nach Verbindung, nach der Einheit mit einem anderen Menschen.

Verschmelzer müssen lernen, dass Verschmelzen mit jemandem nicht das Gleiche ist wie Liebe. Eine Verbindung mit einem anderen Menschen einzugehen, wirklich zu erfahren, dass er nichts anderes ist als unser eigenes göttliches Selbst, ist eine wunderschöne Erfahrung. Es ist wichtig, diese tiefe Erfahrung der Einheit nicht mit der täglichen Herausforderung, dem Schmerz und der Freude des Zusammenlebens mit einem anderen Menschen und der Liebe zu ihm zu verwechseln. Sich zu kennen, über sich selbst zu bestimmen und in der Lage zu sein, das einzigartige Selbst des anderen anzuerkennen und zu akzeptieren, ist eine grundlegende Aufgabe, wenn man liebt. Die Übungen in den Kapiteln »Grenzen setzen und Energie erhalten«, »Wie Sie sich Ihre Energie zurückholen können« und »Anderen Ihre Energie zurückgeben« können für mitfühlende Menschen, die dazu neigen, sich (und damit auch ihre eigene Energie) in Beziehungen zu verlieren, sehr hilfreich sein.

Nach den buddhistischen Lehren besteht diese Welt und somit auch das menschliche Leben aus zwei Aspekten. Sie werden der »absolute« und der »relative« Aspekt genannt, die »große, formlose Einheit« und die »Welt der Form«. Das Absolute ist unsere Einheit, unsere Verbundenheit. Wir alle sind universelle Energie – Sie, ich, der Stuhl, auf dem Sie sitzen, die Luft, die Sie atmen, der Baum vor Ihrem Fenster – wir alle teilen ein und dieselbe Energie. Diese Erfahrung haben die Mystiker schon seit uralten Zeiten gemacht. Und auch die moderne Physik lehrt dies. Von diesem absoluten Standpunkt aus erwächst unsere Liebe für einen anderen Menschen aus der Erkenntnis, dass wir alle eins sind, dass keine Trennung zwischen

*Einheit und Einzigartigkeit*

uns existiert. Vom relativen Standpunkt aus bin ich ich und du bist du. Der Stuhl ist der Stuhl, der Baum ist der Baum. Die universelle Einheit manifestiert sich niemals genauso wie das Mal zuvor. Jede Manifestation der Einheit hat ihr eigenes Muster, ist nicht reproduzierbar, kostbar, in sich vollkommen.

Wirklich tiefe Liebe zu empfinden bedeutet, die Einheit zu erfahren und zur gleichen Zeit die Einzigartigkeit des anderen anzuerkennen und zu schätzen. Es ist eine ständige Herausforderung, die eigene Einzigartigkeit sowie auch die des anderen zu entdecken und zu bejahen. Zu lieben heißt, den anderen wahrhaftig zu sehen, aufzuhören, ihm die eigenen Visionen und Vorstellungen und die eigene Lebensart aufzudrängen. Liebe ist Dialog, Austausch, Kommunikation zwischen einem einzigartigen Wesen und einem anderen.

Es folgt nun eine Übung, die Ihnen helfen kann, sowohl den absoluten als auch den relativen Aspekt der Liebe zu erfahren.

Das Göttliche in sich selbst und im anderen erfahren

*Atmen Sie ruhig ein und aus, schließen Sie die Augen und stellen Sie sich jemanden vor, den Sie lieben – einen Intimpartner, ein göttliches Wesen, einen Freund, ein Kind oder ein Tier. Umgeben Sie dieses Wesen mit goldenem Licht. Während Sie atmen, stellen Sie sich vor, dass Sie und das andere Wesen dahinschmelzen, sich in einem großen See von weißem Licht auflösen. Oder das andere Wesen schmilzt in einer Wolke aus Licht dahin und dieses Licht verschmilzt mit Ihnen und Sie lösen sich ebenfalls auf. Oder Sie verschmelzen einfach mit dem anderen Wesen. Spüren Sie dieses wundervolle Loslassen, das Verschmelzen und das Fließen in dem See aus Licht. Sie sind von der Energie der Liebe umgeben, werden von ihr gehalten.*

*Dann kommen Sie mit Hilfe Ihres Atems und Ihrer Vorstellungskraft wieder zu sich selbst zurück. Atmen Sie einmal tief durch und spüren Sie Ihren Körper. Ziehen Sie die Linie aus goldenem Licht um Ihr einzigartiges Selbst herum. Bringen Sie auch das andere Wesen in seine körperliche Form zurück, sehen Sie seine oder ihre einzigartigen Konturen wiederentstehen. Das goldene Licht wird zu einer Flamme in Ihrem eigenen Herzen und im Herzen des anderen. Umgeben Sie sich und auch ihn mit regenbogenfarbenem Licht. Verbringen Sie einige Zeit mit diesen beiden Wesen in ihrer individuellen Form, beobachten Sie sie, nehmen Sie ihre einzigartigen Eigenschaften wahr und schätzen Sie sie. Nehmen Sie die Farbe der Augen des anderen Menschen wahr, die Art, wie sein oder ihr Haar wächst, die besonderen Merkmale, die Sie so gut kennen, ganz gleich, ob diese körperlicher, emotionaler oder geistiger Natur sind. Nehmen Sie dabei auch die Eigenschaften wahr, die Sie so verrückt machen. Danken Sie dem anderen Wesen für seine Anwesenheit in Ihrem Leben.*

Diese Übung können zwei Menschen auch gemeinsam machen. Sie ist ein guter Weg, um zu lernen, sich zwischen dem Erleben von Einheit mit jemandem und der Erfahrung des Getrenntseins und der Individuation hin- und herzubewegen. Wechseln Sie zwischen dem gemeinsamen Erleben als reines Licht, formlose Einheit, universelle Energie und Ihrem Dasein als zwei einzigartige Wesen, die ihre Verschiedenheit schätzen.

Sie können diese Meditation auch mit einem Abbild des Göttlichen machen – mit einem Bild von Mutter Maria, Jesus, Kuan Yin, Buddha, Tara oder Shiva. Sie können sie aber ebenso mit einem Baum, einem Tier oder einer Blume praktizieren. Genauso können Sie sie mit Ihrem Spiegelbild oder einem Foto von sich selbst machen. Und Sie können die Übung in Ihrer Vorstellung mit der ganzen Erde machen.
Stellen Sie sich dabei die Erde so vor, wie man sie von Fotografien aus dem Weltall kennt, als ein wunderschöner blau-grün-weißer Ball, der in der unendlichen Dunkelheit dahinschwebt. Stellen Sie sich dabei sich selbst, die Erde und alle anderen Planeten und Galaxien im Weltall vor, die in einem großen weißen Licht miteinander verschmelzen – zu einer universellen Energie. Nehmen Sie wahr, wie diese universelle Energie in Ihnen pulsiert, durch Sie atmet. Sehen Sie sich selbst, die Erde, Galaxien und Planeten, die letztendlich alle zu sich selbst zurückkehren. Spüren Sie die Liebe, Zärtlichkeit und Energie, die in Ihnen entsteht, wenn Sie zum einen alles in diesem Universum als Ihr eigenes Selbst ansehen und zum anderen als das Geliebte, das göttliche Andere.

*Liebe umgibt uns alle*

Viele Menschen fühlen sich einsam, doch das Gefühl der Einsamkeit, der Isolation und Entfremdung raubt uns unsere Energie. Sie sind niemals allein. Das gesamte Universum atmet Liebe, Unterstützung und Bestätigung. Die zuletzt beschriebene Meditation kann Ihnen helfen zu erfahren, wie viel Liebe Sie geben können, selbst wenn Sie gerade keine intime Beziehung haben. Menschen fragen sich immer wieder: »Warum bin ich

allein? Warum kann ich keine Beziehung finden, die funktioniert?« Es gibt so viele Gründe dafür. Vielleicht müssen Sie lernen, dass Sie niemals wirklich allein sind. Vielleicht haben Sie das Alleinsein aus diesem Grund selbst gewählt. Oder Sie haben Angst, sich selbst in einer Beziehung zu verlieren. Manchmal sind Sie vielleicht sehr einsam, aber wollen Sie wirklich in einer Beziehung stecken – mit all ihren Anforderungen und möglichen Verletzungen? Die Warums sind unzählig, aber das sind auch die Antworten darauf. Liebe ist ein Mysterium. Sie kommt zu jedem auf eine einzigartige Weise, in einem Atemzug, mit einem Flüstern, in einem einzigen Moment. Die Erfahrungen Ihres besten Freundes oder Ihrer besten Freundin mit der Liebe werden nicht so wie die sein, die Sie gemacht haben. Je mehr Sie Ihre Art zu lieben erkunden, werden Sie sich selbst immer besser verstehen.
In der Bibel heißt es ein wenig geheimnisvoll: »Dem, der hat, soll gegeben werden.« Je mehr wir die Liebe kennen lernen, die wir selbst geben können, umso mehr öffnen wir uns dafür, eine größere Fülle und ein stärkeres Fließen von Liebe in unserem Leben zu erhalten und erfahren zu dürfen.
Nehmen Sie jetzt eine meditative Haltung ein. Während Sie einatmen, spüren Sie die Anwesenheit der Liebe, die Sie erfüllt, nährt und die jede Zelle Ihres Körpers durchdringt. Während Sie ausatmen, atmen Sie Liebe aus. Stellen Sie sich Liebe vor, die in die Welt hinauszieht, durch Ihren Atem in jeden Winkel des Universums getragen wird. Atmen Sie all die Liebe ein, die da ist. Nutzen Sie Ihre Vorstellungskraft. Stellen Sie sich vor, dass mit jedem Atemzug Liebe in Ihren Körper und Ihren Geist gelangt, Sie völlig durchdringt.

# Gebet ist Energie

Seit Jahrhunderten beten die Menschen. Sie beten allein und gemeinsam. Sie beten für Dinge, für Erleuchtung, für Gesundheit, für Sicherheit, für das Wohlergehen ihrer Lieben und für Segen. Sie beten, um Visionen zu erhalten; sie beten, um zu wissen; sie beten, um den Willen Gottes zu verstehen und um sich dem Willen Gottes zu fügen. Sie beten für den Sieg ihrer Verbündeten und für die Niederlage der Gegenseite. Sie beten selbstlos und selbstsüchtig.

Wenn Sie beten, verbindet sich Ihr Gebet mit jedem anderen, das jemals gesprochen wurde. Sobald Sie ein Gebet sprechen, schließen Sie sich einer Vielzahl von Menschen an, Sie werden Teil einer Erfahrung, die bis zum Anbeginn der Menschheitsgeschichte zurückreicht.

Aus dem Gebet können wir sehr viel Energie gewinnen, aber was hat es damit auf sich? Wie kann man sie benennen? In diesem Kapitel geht es um das Wesen des Gebets. Es ist dazu gedacht, Ihnen zu helfen, Ihre eigene Form des Gebets zu finden und Ihnen die Energie des Gebets zugänglich zu machen.

*Die Bedeutung des Gebets*

Denken Sie einmal darüber nach, was Gebet für Sie bedeutet. Selbst wenn Sie ein Vorurteil gegenüber dem Beten haben, selbst wenn Beten für Sie bedeutet, dass Menschen lediglich um Dinge bitten oder dass viele Heuchler Gottes Segen für ihre Unternehmungen haben wollen, die nur aus Unwissenheit, Gier und Wut zu bestehen scheinen – was auch immer Beten für Sie bedeutet, nehmen Sie sich einen Moment Zeit, um diese Vorstellung loszulassen. Selbst wenn Sie ständig beten und meinen, eine genaue Vorstellung davon zu haben, was das Gebet für Sie bedeutet, dann nehmen Sie sich diesen einen Moment Zeit, um den Begriff des Gebets einfach nur zu durchleuchten und näher zu bestimmen.

Hier nun ein paar Ansichten zum Gebet, die Sie Ihren eigenen hinzufügen könnten:

Das Gebet ist ein Dialog mit dem Göttlichen, mit dem großen Bewusstsein, das so viele Namen trägt in dieser menschlichen Welt und das letztlich doch nicht benannt werden kann. Das Gebet ist Dialog, Kommunikation, Zuhören, Fragen, Benennen. Beten ist Stille, bedeutet zu sein mit dem, was ist.

Das Gebet ist eine Brücke zwischen dem Formlosen und der Form, zwischen dem Absoluten und dem Relativen. Fast die ganze Menschheitsgeschichte hindurch richtete sich das Gebet der Menschen an eine Form, an einen Vermittler: an Mutter Maria, Jesus, verschiedene Götter und Göttinnen, an Heilige und Geister.

Beten ist der Ausdruck unserer Bereitschaft zuzuhören, das größere Bewusstsein zu empfangen und zu erfahren. Beten bedeutet anzuerkennen, dass man nicht allein ist, dass es etwas Größeres als einen selbst gibt, etwas, das zuhört, empfängt und gibt.

Beten heißt bestätigen. Das Gebet bestätigt die Anwesenheit Gottes oder welchen Namen auch immer Sie ihm geben mögen. Beten ist ein bestimmter Bewusstseinszustand. Er spiegelt Ihr Verhältnis zum Göttlichen wieder.

Gewöhnlich kniet man zum Beten nieder mit gefalteten Händen. Denken Sie einen Augenblick lang über diese Haltung nach. Hören Sie auf zu lesen und nehmen Sie diese traditionelle Gebetshaltung jetzt ein. Welche Gefühle erweckt sie in Ihnen? Falls Sie einen traditionell christlichen Hintergrund haben und diesen aber inzwischen abgelegt haben, kann diese Haltung alle möglichen Assoziationen wieder in Ihnen wachrufen. Gehen Sie einfach darüber hinaus. Nehmen Sie bewusst wahr, was geschieht. Im Falten der Hände ist das Zusammenbringen aller Dualität in eine Einheit verborgen und das Geschenk dieser Dualität an die große Einheit. Im Knien kommt man dem Boden näher, fühlt den Boden unter sich. Die gefalteten oder zusammengelegten und nach oben zeigenden Hände lassen die Verbindung zwischen Himmel und Erde entstehen. Im Gebet ziehen wir himmlische Energie auf die Erde herab. Die Energie steigt von der Erde zum Himmel auf und kommt vom Himmel zur Erde herunter. Sie sind der Kanal, das Medium, durch das sich das universelle Bewusstsein, die göttliche Gnade auf Erden manifestiert. Die Haltung während des Gebets entspricht ganz genau dem Wesen dieser Verbindung – der Verbindung zwischen Form und Formlosigkeit, zwischen Göttlichem und Menschlichem.

Die Gebetshaltung signalisiert die eigene Bereitschaft, ein Kanal oder ein Gefäß zu sein. Sie ist im Grunde eine Form der Konzentration, eine Ausrichtung der göttlichen Energie. Diese Konzentration kann zu einem bestimmten Zweck wie zum Beispiel zur Heilung eingesetzt werden. Die göttliche Energie wird durch die eigene bewusste Absicht zum Wohle eines anderen in eine bestimmte Richtung gelenkt. Somit enthält das Gebet eine Anrufung, eine Absicht und eine Ausrichtung.

*Experimentieren Sie einmal selbst mit der Gebetshaltung. Beobachten Sie, ob sie Ihr Erleben während des Gebets verstärkt. Wenn der Körper verschiedene Positionen einnimmt, verändert sich als Reaktion darauf auch das Bewusstsein. Vielleicht gibt es eine andere Haltung, die für Sie besser ist. Eine andere traditionelle Gebetshaltung ist zum Beispiel folgende: Sie öffnen Ihre Hände und Arme und heben sie vor Ihren Brustkorb, wobei die Handflächen nach oben zeigen. Versuchen Sie das am Boden jetzt gleich: Noch immer aus der knienden Position heraus heben Sie einfach Ihre Arme an und öffnen Sie sie, die Handflächen sind dabei nach oben gerichtet. Nehmen Sie nun wahr, wie Sie Energie vom Universum empfangen. Die universelle Energie strömt in diese Haltung hinein und Sie halten sie wie ein Kelch. Sie geben sie weiter an all jene, die sie brauchen. Sie sind ein Kelch.*

Gebetshaltungen

*Eine weitere Gebetshaltung ist die Niederwerfung, bei der man ebenfalls kniet, sich aber ganz hinunterbeugt, mit dem Kopf den Boden berührt und die Arme vor sich gestreckt auf den Boden legt. In dieser Position hat man das Gefühl, sich selbst niederzustrecken vor dem, das größer ist als man selbst. Diese Haltung dient keineswegs zur Demütigung. Sie ist vielmehr ein Zeichen der Anerkennung und zeugt von großer Kraft. In der Niederwerfung verbindet man sich mit dem, was ist, man tut sich weder hervor noch ragt man heraus oder ist allein. Man ist einfach nur Teil des Ganzen. Ihre Individualität verschmilzt mit dem Ganzen. Versuchen Sie es einmal selbst!*

*Es kann große Veränderungen bewirken, einzig und allein diese Positionen zu erfahren, aber nehmen Sie sie nicht automatisch ein. Nehmen Sie wahr, was passiert. In der zuvor beschriebenen Gebetshaltung und der Niederwerfung stecken sehr viel Energie, Frieden, Gelassenheit und Hingabe. Andererseits ist es aber gar nicht unbedingt notwendig, eine bestimmte Körperhaltung einzunehmen. Beten ist eine innere Haltung, eine Haltung des Bewusstseins in Bezug auf das Göttliche.*

Gebet ist Heilung. Viele werden fragen: »Wie kann denn ein Gebet heilen?« Es gibt immer mehr wissenschaftliche Studien, die die Heilkraft des Gebets belegen, aber noch immer kann niemand genau sagen, wie oder warum es funktioniert. Niemand kann die Heilkraft eines Gebets definieren oder quantifizieren. Wenn wir von dem Gedanken ausgehen, dass wir alle Teil einer einzigen universellen Energie sind, dann ergibt sich daraus ein Sinn. In dieser universellen Energie existieren Zeit und Raum vielleicht nicht auf die Art und Weise, wie wir glauben. Vielleicht ist in diesem riesigen Netz alles mit allem verbunden. So berührt ein Gebet die Krankheit, die Verletzung oder den Schmerz in einem Menschen mit Liebe, genauso wie eine Mutter ihr krankes Kind voller Liebe berührt. Das Gebet bündelt Ihre Energie und gibt ihr eine Absicht. In Tibet flattern überall Gebetsfahnen im Wind. Dem Glauben nach trägt der Wind die Gebete auf den Fahnen in alle Himmelsrichtungen. Denken Sie daran, wenn Sie für jemanden beten. Ihr Gebet trägt die Energie der Liebe zu diesem Menschen.

Beten ist eine Form der Erinnerung. Eine der ursprünglichsten Eigenschaften des menschlichen Geistes besteht darin zu vergessen. Er vergisst, was er ist und wovon er ein Teil ist. Er vergisst die Liebe. Er vergisst, was er gelernt und was er verstanden hat. Zwischen verschiedenen Leben überfluten große Wellen des Vergessens das Bewusstsein, aber dies geschieht auch im Laufe eines einzigen Tages. Das Gebet hilft uns, uns daran zu erinnern, dass wir eine Verbindung zum Göttlichen haben – eine Verbindung zu einer Energie, die größer ist als unsere eigene, persönliche Energie.

Das Gebet ist ein Gespräch mit Gott. So einfach ist das! Manchmal wählen Menschen eine bestimmte Form Gottes wie Jesus oder Krishna, zu der sie sprechen. Sie gehen regelmäßig in ein Zwiegespräch mit Gott. Gebet ist eine Konversation mit Gott. Diese Konversation verändert allmählich unser Glaubenssystem, das jetzt noch so stark in dem menschlichen Bewusstsein verankert ist, dass wir allein sind und dass Gott – wenn er überhaupt existiert – eine weit entfernte Realität von uns ist. Wenn Sie mit Gott ins Gespräch kommen, bringen Sie seine Präsenz in Ihr Leben. Sie wird für Sie greifbar. Das Gebet ist die greifbare Erfahrung Gottes.

Wenn Sie, wie viele andere Menschen auch, glauben, dass alles um Sie herum eine Manifestation Gottes ist, dann ist alles, was Sie tun, Gebet. Ihr Leben ist eine ständige Zwiesprache mit Gott. Wenn Sie mit anderen Menschen reden, sprechen Sie mit Gott. Wenn Sie etwas anfassen, berühren Sie Gott. Wenn Sie eine Straße entlanggehen, gehen Sie mit Gott, sind umgeben von Gott.

Vielen Menschen ist es möglich, einen Einblick in diese Art von Gebet zu erhaschen. Nur wenige leben im ständigen Gespräch mit Gott. Aber stellen Sie sich doch hin und wieder die folgende Frage: »Mit wem verbringe ich am meisten Zeit im Gespräch? Wessen Gesellschaft suche ich in meinem Inneren? Mit wem spreche ich? Sehe ich das Göttliche in mir selbst? Wenn ich mit anderen Menschen rede, spreche ich dann mit dem Gott in ihnen?«

Beten kann bitten bedeuten. Es ist nichts Falsches daran, um Dinge zu bitten. Der alte Satz »Sei vorsichtig, welche Bitte du aussprichst – sie könnte dir gewährt werden« ist nur allzu wahr. Wenn Sie also um ein bestimmtes Ergebnis oder eine Sache bitten, ist es gut, dies ganz bewusst zu tun.

Gebet – im Dialog mit dem Göttlichen

*Die einfachste Form des Gebets ist, darum zu bitten, dass sich das Bestmögliche manifestiert, für Sie selbst und für andere. Visualisierung ist eine Möglichkeit, um dabei präziser vorzugehen. Das Gebet ist die Grundlage, es zieht die Energie an und öffnet uns alle Türen. Durch das Gebet wird die Visualisierung effektiver. Wenn es aber irgendetwas in Ihrem Leben gibt, was Sie wirklich vermissen, dann haben Sie keine Scheu, darum zu bitten, es im Gebet zu erbitten, zu sagen: »Liebe Göttliche Mutter, lieber Gott, lieber Universeller Geist, liebes Was-auch-immer, ich bitte dich um Hilfe, dies in meinem Leben zu manifestieren. Ich bitte um die Unterstützung des Universums, dies ins Dasein zu bringen. Ich bitte um den*

*Segen des Universums.« Wenn Sie auf diese Weise darum bitten, erkennen Sie gleichzeitig auch die Rolle an, die Sie selbst darin spielen.*

*Sie können auch auf die folgende Art und Weise bitten: »Ich schenke dieses Gebet dem Fluss der universellen Energie. Möge es zu einem weiteren Teil in dem riesigen Netz aus Ursache und Wirkung werden.«*

*Im Gebet kommen Sie mit dem Göttlichen in Berührung. Wird Ihr Gebet erhört, so arbeiten Sie mit dem Göttlichen zusammen. Das Gebet ist ein Anerkennen dieser »Partnerschaft«. Das Ergebnis ist das Resultat dieser aktiven Zusammenarbeit. Wann immer Sie für etwas beten, schauen Sie sich Folgendes genau an: Was tun Sie, um es wahr werden zu lassen? Spüren Sie Ihre Hand in der Hand der göttlichen Präsenz, des großen Geistes, des universellen Bewusstseins oder in welcher Form auch immer es für Sie vorstellbar ist. Treten Sie in einen Dialog ein. Bitten Sie! Stellen Sie Ihre Frage, äußern Sie Ihren Wunsch. Und dann hören Sie zu. In diesem Moment könnten Antworten oder Einsichten kommen. Vielleicht umgibt Sie die Stille. Vielleicht kommt ein Segen, ein greifbares, spürbares Gefühl von Leichtigkeit über Sie. Dann hören Sie weiter zu. Während Ihr Leben weitergeht, geben Sie auf Folgendes Acht: Wie wird dieses Gebet beantwortet? Auch hier kommt die Antwort nicht immer so, wie wir es erwarten, aber sie kommt auf jeden Fall. Lernen Sie, diese zu erkennen. Lenken Sie Ihr Bewusstsein auf die Frage: »Wie wird mein Gebet beantwortet?«*

Im Universum gibt es immer Kommunikation. Hören Sie den Vögeln zu, wie sie füreinander singen. Jeder einzelne Teil des Königreichs der Tiere kommuniziert. Die Pflanzen bewegen sich im Wind. Die Sauerstoffmoleküle, die über den Atem in den

Körper gelangen, verbinden sich mit anderen Molekülen. Neurotransmitter übermitteln ständig etwas. Wir leben in einer Welt der permanenten Kommunikation. Das Universum kommuniziert immer. Mit dem Gebet entwickeln Sie Ihre Fähigkeit zu verstehen, was es Ihnen zu sagen hat. Das Vogellied enthält eine Nachricht. Im blauen oder im wolkigen Himmel liegt ein Flüstern. Im Geräusch des Windes, im Gefühl des Regens ist eine Information verborgen. In Ihrem Atem ist Wissen und Weisheit. All diese Nachrichten bringen uns Energie, wenn wir auf sie achten, wenn wir uns erlauben, die Energie zu empfangen. Manchmal ist die Antwort auf ein Gebet einfach nur ein Ast, der sich im Wind bewegt, ein Rabe, der über uns hinwegfliegt. Beten bedeutet, mit allem, was ist, zu kommunizieren.

*Auf die Antwort des Universums lauschen*

Ich bin in Indien einmal einer alten Frau begegnet, frühmorgens, am Rande einer staubigen Straße aus einem zeitlosen Dorf am Fuße des heiligen Bergs Arunachala. Sie trug einen Krug Milch sowie eine Schale mit Früchten und Blumen. Ich habe sie beobachtet, als sie bei einer steinernen Statue des Gottes Rama stehen blieb. Sie bot ihm die Blumen und die Früchte dar. Und dann, ganz vorsichtig und liebevoll, beugte sie sich nieder und goss der kleinen steinernen Katze neben ihm ein Tellerchen voll Milch ein. Ich kam am nächsten Tag zurück, und da war sie wieder und fütterte die Katze des Gottes. Sie hatte eine Beziehung zu Rama und seiner Katze aufgenommen. Für sie waren es keine Steinfiguren, sie waren Gott. Das ist Gebet!

Rumi, ein persischer Mystiker aus dem 12. Jahrhundert, spricht von Gott als »dem Freund«. Je öfter wir mit diesem Freund sprechen, umso stärker erfahren wir die Präsenz dieser göttlichen Begleitung. Je mehr wir eine innige Beziehung mit dem Freund eingehen, umso mehr Energie haben wir.

## Akzeptanz ist Energie

Manchmal bleiben die Umstände schwierig, unser Energieniveau steigt einfach nicht an, unser Verstand, unser Körper oder andere Menschen zwingen uns in die Knie, ganz gleich, was wir tun, wie sehr wir auch versuchen, unsere Situation in den Griff zu bekommen, wie viele Entscheidungen wir fällen, welchen Lehren wir folgen oder wie hart wir an uns selbst arbeiten. Wir alle haben diese Erfahrung schon gemacht. Das sind jene Zeiten, in denen wir Energie durch Hingabe gewinnen können, durch das Annehmen all dessen, was ist. Wir verlieren Energie durch Schuldzuweisungen, Selbstvorwürfe, unsere inneren Widerstände und den Wunsch, die Dinge anders haben zu wollen, als sie sind.

Die *Meditation zur Anrufung des Bewusstseins* ist eine gute und einfache Möglichkeit, die Tür zur Akzeptanz all dessen, was ist, zu öffnen. Wenn Sie ruhig dasitzen und Ihrem Atem folgen, die Aufmerksamkeit auf das Auftauchen und Verschwinden von körperlichen Empfindungen und den Gedanken in Ihrem Verstand richten, dann sind Sie in jedem Augenblick völlig präsent, sind ganz bei dem, was ist.

Akzeptanz bedeutet, alle Vorstellungen davon aufzugeben, wie irgendetwas sein sollte. Sie können dieses Loslassen fast mit den Händen greifbar im meditativen Zustand erfahren. Während Sie die Bewusstseinsmeditation praktizieren, richten Sie Ihre Aufmerksamkeit auf die Verspannungen in Ihrem Körper, stellen fest, wo genau die Anspannung sitzt, und versuchen sie loszulas-

*Akzeptanz ist Loslassen*

sen. Atmen Sie ganz vorsichtig in die verspannte Körperregion hinein, spüren Sie das Loslassen, nehmen Sie wahr, wie sehr Sie daran festhalten. Ganz einfache Entspannungskassetten können Ihnen dabei gute Dienste leisten.

Oder legen Sie Ihre Hände während der Bewusstseinsmeditation mit den Handflächen nach oben auf Ihre Knie, schließen Sie dann beide Hände zur Faust, öffnen Sie sie wieder und spüren Sie das Loslassen. Üben Sie, den Unterschied zwischen dem Festhalten und dem Loslassen zu erkennen. Während Sie ruhig weiteratmen und diesen Gegensatz wahrnehmen, können Sie die folgenden Affirmationen sprechen: »Ich akzeptiere das, was ist«, »Ich lasse los«, »Ich trage dafür keine Verantwortung, ich kann es nicht steuern«, oder verwenden Sie Ihre eigenen Worte, ganz gleich, welche Ihnen auch immer in den Sinn kommen.

Häufig wird jedoch das Praktizieren von Techniken, wie ich sie Ihnen in diesem Buch vorgestellt habe, nur zu einem weiteren Versuch, die Ereignisse kontrollieren zu wollen. Doch es gibt Situationen im Leben, in denen wir einsehen müssen, dass wir gar nichts im Griff haben. Das Universum ist ein riesiges Netz von interagierenden Kräften und Energien, und zu glauben, dass wir vollkommen verstehen und dadurch kontrollieren können, was mit uns geschieht, kann sehr frustrierend sein. Heutzutage bekommen Menschen oft zu hören, dass sie »ihre eigene Realität erschaffen«, wenn aber Dinge in ihrem Leben einfach schief gehen, denken sie, dass irgendetwas mit ihnen nicht stimmt, und verurteilen sich am Ende selbst. Doch es gibt äußere Umstände, die wir nicht beeinflussen können. Wir sind immer mit dem ganzen Universum verbunden. Wir haben zwar die Wahl, wie

wir auf äußere Umstände reagieren, aber wir können sie nicht kontrollieren.
In meiner Arbeit mit Menschen lautet eine der am häufigsten auftauchenden Fragen einfach nur: »Warum?« Menschen wollen die Gründe für ihren Schmerz, ihre Frustration, ihre Krankheit oder ihre Schwierigkeiten wissen. Das ist verständlich, und es kann auch hilfreich sein, sich das eigene Karma, die psychologischen Ursachen, die kulturellen Einflüsse und entsprechenden spirituellen Lektionen anzusehen. Letztendlich kommen wir jedoch häufig an einen Punkt der absoluten Stille und Akzeptanz und geben uns dem letzten Geheimnis preis, indem wir erkennen, dass es einen größeren Rahmen gibt und die Frage nach dem »Warum« vielleicht niemals endgültig beantwortet werden kann.

Es folgt nun eine Meditation, die Ihnen dabei helfen kann, diesen Punkt der Hingabe und Akzeptanz zu erreichen, und Sie dabei unterstützt, alles dem Fluss der universellen Energie zu übergeben, indem Sie daran denken, dass jeder Mensch ein Teil dieses Flusses ist und es kein völlig isoliertes Individuum gibt, das völlig im Griff hat, was geschieht. Es ist eine Meditation für all jene Zeiten, in denen man in einer Sackgasse steckt oder an einem Punkt angelangt ist, an dem man einfach nicht mehr weiterweiß, wo nichts mehr funktioniert. Es ist aber auch eine Meditation, die Sie jeden Tag machen können.

*Setzen Sie sich ruhig hin und atmen Sie. Nehmen Sie Ihre Frustration wahr, Ihren Schmerz, Ihre Verwirrung, Ihr tiefes Wissen darum, dass es einfach nichts gibt, das Sie tun können. Lenken Sie dann Ihre Aufmerksamkeit ganz langsam auf Ihr Herzzentrum. Vielleicht schmerzt es, ist angespannt oder fühlt sich verkrampft an. Bleiben Sie mit Ihrer Aufmerksamkeit ganz bei dem, was ist – bewerten Sie es nicht. Stellen Sie sich nun ein kleines Samenkorn aus weißem Licht vor, einen kleinen lichterfüllten Punkt in Ihrem Herzen. Dieses Samenkorn wächst zu einem Stern heran. Der Lichtpunkt schickt seine Strahlen in alle Richtungen aus. Er sieht aus wie der Stern, den die Weisen über der Krippe sahen, als Christus geboren wurde. Stellen Sie ihn sich vor, fühlen Sie ihn, sagen Sie sich selbst, dass er da ist, formulieren Sie es einfach so, wie es sich gut für Sie anfühlt. Bleiben Sie bei dieser Vorstellung und verbringen Sie einige Zeit mit ihr. Lassen Sie den Stern in Ihrem Herzen strahlen.*

Den Stern der Akzeptanz und Hingabe im Herzen spüren

Dieser Stern steht für das, was wir alle suchen: die Große Wahrheit, die Quelle, das Heil(ig)e, das Göttliche. Er steht für Ihr inneres Wissen, für Ihre Verbindung zu dem größeren Wissen. Jahrhundertelang haben Menschen ihre Schiffe nach den Sternen navigiert. Sie wussten um ihre Verbindung zum Himmel. In dieser Meditation ist ein kraftvolles Bild verborgen. Sie geben Ihren persönlichen Willen auf, erkennen sich selbst als nichts anderes als diesen großen Kosmos, spüren die universelle Energie in Ihrem Inneren. Der Stern in Ihrem Herzen ist Ihr innerer Kompass. Das Licht in der Dunkelheit ist immer da, es führt und leitet Sie, es unterstützt Sie.

Diese Meditation kann Sie mit dem Frieden der Hingabe erfüllen. »Nicht mein Wille, sondern dein Wille geschehe.« Das ist der Geist, der dieser Übung innewohnt. In der Regel stellen sich Menschen diesen höheren Willen als den Willen Gottes vor. Sie können es auf diese Weise sehen oder es als die Hingabe an das große Geheimnis des menschlichen Lebens, das Universum, betrachten. Sie können es auch einfach als ein Annehmen all dessen, was ist, erfahren, als das Loslassen von Widerständen im Kampf mit den Gegebenheiten des Lebens. Dieses Licht in Ihrem Herzen ist der höhere Wille. Wenn Sie sich mit ihm verbinden, eins mit ihm werden, ihm den Raum geben, in Ihrem Bewusstsein zu erstrahlen, dann können Sie dadurch ernorm viel Energie freisetzen – Energie, die Sie in Ihrem Leben weiterbringen wird. Und Sie können sich dabei vielleicht ein wenig entspannen.

*Dein Wille geschehe!*

## Der Tanz der Energie

Sonnenstrahlen strömen durch das Fenster. In diesen Strahlen tanzt Staub in der Luft, der normalerweise unsichtbar ist. Um uns herum findet ein ständiger Tanz statt: der Tanz der Energie. Die Blätter an den Bäumen tanzen im Wind. Unsere Gedanken tanzen in unserem Kopf.

Tanzmeditation

*Stellen Sie sich einen Augenblick lang vor, dass nichts auf dieser Welt feste Konturen hat. Alles ist eine riesige Ansammlung tanzender goldener Lichtpartikel – wie der Staub im Sonnenlicht. Sie sind umgeben von Energie, die ständig in Bewegung ist, selbst wenn Sie glauben, dass Sie festen Boden unter den Füßen haben. Schließen Sie jetzt Ihre Augen und stellen Sie sich den Tanz der Energie vor. Je intensiver Ihre Vorstellung wird, umso leichter werden Sie, umso mehr Energie nehmen Sie wahr. Sie entdecken plötzlich, dass Sie mit den Dingen tanzen können, mit Ereignissen und Menschen. Der Tanz ist ein wundervolles Bild für menschliche Beziehungen, für das Leben an sich. Fragen Sie sich selbst: »Wie kann ich damit tanzen? Mit diesem schwierigen Menschen, mit meinem kaputten Auto; damit, dass ich heute Morgen müde aufgewacht bin?« Strecken Sie dem »Partner« dieses Augenblicks Ihre Arme zum Tanz entgegen, wer oder was auch immer das sein mag. Folgen Sie dem Rhythmus des Augenblicks, der Musik des Tages.*

Manchmal fragen mich Menschen: »Was kann ich mit meiner Wut, meiner Angst und meinem Kummer anfangen?« Tanzen Sie all das. Ich meine das wirklich wörtlich – tanzen Sie es. Schon immer haben Menschen getanzt. Legen Sie Musik auf und bewegen Sie sich dazu, ganz allein für sich in Ihrem Zimmer, Ihrem Garten ... Tanzen Sie Ihre Wut, Ihre Angst, Ihre Liebe und Ihre Sehnsucht. Dabei werden Sie eins mit dem ursprünglichen Tanz der Energie, mit dem ewigen Tanz.

# Sich mit der universellen Quelle verbinden

*Aus der universellen Quelle schöpfen*

Sie nehmen Energie aus der Nahrung auf, die Sie essen, aus der Luft, die Sie atmen, aus Ihrem nächtlichen Schlaf, aus den Übungen, die Sie machen. Aber Sie wissen aus Erfahrung, dass Sie Energie auch aus einer Reihe von nicht greifbaren Quellen erhalten. Bestimmte Erlebnisse geben uns Energie: ein Sonnenuntergang, ein Kunstwerk, ein Konzert, das Gespräch mit einem Freund, das Zusammensein mit jemandem, den wir lieben. Die Übungen in diesem Kapitel sollen Ihnen dabei helfen, Ihre ganz persönliche Verbindung mit dem riesigen Meer von Energie zu entdecken, das Sie ständig umgibt, damit Sie aus dieser universellen Quelle Ihre eigene Energie auftanken können.

Beginnen Sie damit, indem Sie die folgende Aussage lesen, die aus dem Buch *The Holographic Universe* von Michael Talbot stammt, und darüber nachdenken: »Wenn Physiker die Mindestenergie einer Welle berechnen, finden sie heraus, dass jeder Kubikzentimeter leeren Raums mehr Energie enthält als alle Materie des uns bekannten Universums zusammen.«

Wie erstaunlich! Das Universum ist voll von leerem Raum und dieser leere Raum ist voller Energie. Einige Vertreter der modernen Physik glauben, dass wir in einem riesigen, endlosen Meer von Energie leben. Gehen wir einmal von der Voraussetzung aus, dass der leere Raum voller Energie ist, dann wird aus der Frage »Wie können wir Zugang zu dieser Energie erhalten?« die Frage »Wie können wir in den leeren Raum gelangen?«. Durch unseren Geist und unser Bewusstsein haben wir die Möglichkeit, auf diesen leeren Raum voller Energie zu stoßen. Durch innere Einkehr erhalten wir Zugang zu der universellen Energie.

*Um in den leeren Raum in Ihrem Geist zu gelangen, fangen Sie damit an, Ihrem Atem zu folgen. Versuchen Sie nicht, ihn zu kontrollieren, nehmen Sie einfach nur Ihr Ein- und Ausatmen wahr. Werden Sie sich der Pausen zwischen zwei Atemzügen bewusst, dieses unendlich kleinen Bruchteils eines Augenblicks zwischen der Ein- und der Ausatmung.*

Den eigenen inneren Raum erfahren

*Lassen Sie zu, dass dieser Moment immer länger wird. Versuchen Sie aber nicht, die Luft anzuhalten. Entspannen Sie sich einfach in diesen inneren Raum hinein. Erlauben Sie Ihren Gedanken, sich in diesem Raum mehr und mehr aufzulösen, während Sie langsam ausatmen. Atmen Sie langsam, aber ganz normal, und verlagern Sie Ihre Aufmerksamkeit von der Atmung selbst auf die Pausen zwischen den Atemzügen.*

*Wenn Sie das eine Weile lang getan haben, lenken Sie Ihre Aufmerksamkeit auf Ihre Gedanken. Beobachten Sie den Gedankenstrom und versuchen Sie dann, die Lücken zwischen Ihren Gedanken wahrzunehmen. Gedanken kommen und gehen, aber es gibt einen Raum, ein Flüstern der Stille, zwischen dem Auftauchen eines Gedankens und dem nächsten. Durchleuchten Sie diesen Raum, konzentrieren Sie sich auf ihn, kehren Sie immer wieder zu ihm zurück. Werden Sie sich darüber bewusst, wie sehr sich Ihr Bewusstsein erweitert, wenn Sie für einen Moment in dieser Stille zwischen zwei Gedanken verweilen.*

Wir lernen, auf Dinge, Menschen, Orte, Gedanken und Gefühle zu achten, aber wir können auch lernen, unsere Aufmerksamkeit auf diese große Leere zu richten, die alles umgibt, alles enthält und der Hintergrund von allem ist, was existiert. Wenn Sie das nächste Mal in den nächtlichen Sternenhimmel blicken, nehmen Sie den leeren, dunklen Raum anstelle der Sterne wahr. Tauchen Sie in diesen Raum ein. Je mehr Sie den Raum bewusst aufnehmen, umso mehr werden Sie davon zur Verfügung haben und umso mehr Energie werden Sie spüren.

Fangen Sie in allen Lebenslagen damit an, auf die Zwischenräume und Übergänge zu achten. Wenn Sie von einem Ort an einen anderen fahren, können Sie die Zeit nutzen, um sich mit Energie aufzuladen und sich zu erfrischen. Hören Sie ruhige Musik, seien Sie sich Ihres Atems bewusst, des Himmels über Ihnen und der Verkehrsgeräusche. Nehmen Sie sich vor: »Ich werde den Raum zwischen einer Sache und der nächsten nutzen, um meine Energie aufzufüllen.« Wenn Sie in der Warteschlange vor dem Bankschalter stehen, werden Sie sich dieses Augenblicks als Zwischenraum bewusst. Wenn Sie aus einer Sitzung kommen, ein Telefongespräch oder eine bestimmte Aufgabe beendet haben, nehmen Sie sich ein paar Augenblicke Zeit, um Ihre Augen zu schließen und innerlich den leeren Raum zu betreten, bevor Sie zum nächsten Tagesordnungspunkt übergehen. Wenn Sie das tun, haben Sie den ganzen Tag über ständig Zugang zu der Energie dieses leeren Raums und tanken Energie aus dem riesigen universellen Speicher auf.

Wenn Sie in den leeren Raum im Verlaufe des Tages nur kurz eintauchen wollen, kann eine Visualisierung das Ganze für Sie greifbarer machen und Ihnen die Tür zu diesem allumfassenden Bewusstsein öffnen. Schließen Sie die Augen und stellen Sie sich kurz den Nachthimmel vor, der voller Sterne ist, oder einen strahlend blauen Himmel mit weißen Wolken, die langsam vorüberziehen. Erleben Sie diesen weiten Himmel als Ihr Bewusstsein, als das, was alle Ereignisse, Gedanken und Menschen in Ihrem Leben aufnimmt. Sprechen oder denken Sie die folgende Affirmation:

*In die Energie des leeren Raums eintauchen*

»Ich bin der Raum zwischen den Sternen, der weite dunkle Himmel.«

Atmen Sie ihn ein, diesen leeren Raum. Je mehr Sie in die Größe, die Weite und die Offenheit Ihres eigenen Geistes eintauchen, umso mehr Energie werden Sie haben.

Es gibt noch weitere Bilder und Meditationen, die Ihnen helfen können, den Zugang zu dem Meer der universellen Energie zu finden. Im Mutterleib erfahren wir eine direkte Verbindung mit einer Energiequelle, die größer ist als wir selbst. Durch die Nabelschnur fließen Blut, Sauerstoff, Nahrung und Lebensenergie ununterbrochen von der Mutter zu uns. Bei der Geburt werden wir von dieser Quelle abgeschnitten. Wir müssen dann augenblicklich unsere eigene Lebensquelle, unseren Atem, finden. Doch auch jetzt noch, als Erwachsene, können wir Entspannung, einen verstärkten Energiefluss und ein Gefühl des Genährtwerdens erfahren, wenn wir uns vorstellen, dass uns die Energie direkt durch den Solarplexus, eines der wichtigsten neuralen Zentren unseres Körpers, zuströmt.

Sich mit der Quelle der universellen Energie verbinden

*Strecken Sie sich bequem aus und legen Sie eine Hand auf den Nabel. Die Handfläche ist dabei leicht gewölbt. Stellen Sie sich wärmendes Licht im Bereich des Nabels vor und atmen Sie ruhig weiter. Stellen Sie sich dann die universelle Energie als ein Sie umhüllendes goldenes Licht vor, als eine Wolke aus goldenem Licht, die den ganzen Raum erfüllt und Sie vollständig umgibt. Mit dieser Lichtwolke sind Sie durch eine Schnur oder eine Art Röhrchen aus Licht verbunden, das direkt aus Ihrem Bauchnabel kommt. Spüren Sie die Wärme und das Licht, das vom Nabel aus hoch in die Brust steigt, Ihren gesamten Bauch und auch die Beine durchströmt. Bleiben Sie liegen, so lange Sie wollen, und erlauben Sie dem goldenen Licht, Sie zu nähren und Ihnen Energie zu geben. Öffnen Sie dann die Augen, atmen Sie kurz tief durch, seien Sie sich dabei bewusst, dass das goldene Licht, die Quelle der Energie, Sie nicht wirklich wieder verlässt. Sie ist für Sie erfahrbar und zugänglich, wann immer Sie wollen.*

Das ist eine wunderbare Meditation, die Sie gut abends vor dem Einschlafen machen können. Dann lassen Sie natürlich Ihre Augen geschlossen. Gleiten Sie einfach in den Schlaf hinüber, in die universelle Energie eingehüllt, von ihr genährt und mit ihr verbunden. Wenn Sie sich nach dieser Übung noch mit dem Regenbogenlicht umgeben, schützen und erhalten Sie die Energie, die Sie gerade aufgetankt haben.

Sie können dabei an eine Mutter mit ihrem Kind denken. In dieser Meditation werden Sie zum Kind der göttlichen Mutter, werden genährt von der Energie der großen Mutter des Universums, der Energie, aus der alles erwächst. Wenn Sie eine gute Beziehung zu Ihrer eigenen Mutter haben, kann diese Meditation Ihnen helfen, sich wieder in Ihr Erleben als Kind zurückzuversetzen. Falls Sie sich von Ihrer biologischen Mutter nicht geliebt oder von ihr getrennt fühlten, kann die Übung für Sie sehr heilsam und energetisierend sein, da sie Ihnen die Möglichkeit gibt, die universelle Mutterenergie zu erfahren und Ihnen das Erlebnis des Genährtwerdens zu vermitteln, das Ihnen als Kind verwehrt blieb.

Ein anderes modernes Bild für die Meditation mit dem goldenen Licht ist die eines Autos und einer Zapfsäule. Sie fahren mit Ihrem Wagen regelmäßig zur Tankstelle. In der Meditation mit dem goldenen Licht füllen Sie sich mit universeller Energie auf, wie Sie den Tank Ihres Autos mit Benzin füllen. Der einzige Unterschied besteht jedoch darin, dass universelle Energie kostenlos ist. Alles, was Sie tun müssen, ist, Ihren Tank zu füllen.

## Diese wundervolle Welt ist Energie

Für die folgende Übung brauchen Sie Ihre Vorstellungskraft nicht einzusetzen. Gehen Sie einfach nach draußen und setzen Sie sich in einen Zug, einen Bus, ins Auto oder gehen Sie zu Fuß irgendwohin. Entdecken Sie Bäume, Gras, den Himmel, Felsen oder Wasser. Bäume an einer Straße in der Stadt eignen sich wunderbar dazu. Ein Park, eine Bergspitze, ein Ozean oder eine Wüste, eine Wolke vor Ihrem Fenster – es spielt gar keine Rolle, was es ist. Die Natur strahlt eine Energie aus, die Sie spüren können, sobald Sie ihr Aufmerksamkeit schenken.

In der Mythologie der Hindus gibt es eine spirituelle Praxis, die sich *»Darshan«* nennt. Das Wort bedeutet, in der Anwesenheit eines heiligen Wesens zu sein. Dieser Glaube besagt, dass wir durch das Zusammensein mit einem Heiligen, einem großen Lehrer oder einem Menschen, der die Anwesenheit Gottes erfahren hat, die Gnade Gottes erleben können, jene Energie, die aus dem Göttlichen strömt.

Darshan – das heilige Wesen der Natur

*Bei der nächsten Gelegenheit, die sich Ihnen bietet, erweisen Sie einfach einem Baum die Ehre. Suchen Sie sich einen Baum an einem etwas ruhigeren Ort und setzen Sie sich zu ihm. Bitten Sie ihn um seinen Segen. Spüren Sie seine Energie und seine Stille. Stellen Sie sich vor, dass der Baum Licht auf Sie und durch Sie hindurchströmen lässt. Vielleicht*

*ist es ein durchscheinendes, frühlingshaftes grünes Licht, ein Herbstgold oder ein Winterweiß. Zu jeder Jahreszeit strahlen Bäume Energie, Heilung und Gleichgewicht aus.*
*Machen Sie ein Darshan mit einer Wolke und mit dem Himmel, mit Blumen, Felsen, Flüssen, mit dem Ozean, mit einem Hügel oder mit den Bergen. Wenn Sie jede Erscheinungsform der Natur als heilig erfahren können, dann erhalten Sie überall Darshan.*

Werden Sie sich der Vögel, der Wolken und des Winds bewusst. Erleben Sie bei Wetterumschwüngen die Veränderungen in Ihrem eigenen Energiefeld. Sie müssen nicht an einem entlegenen Ort leben oder in die Wildnis gehen, um mit den Jahreszeiten in Berührung zu kommen, mit den Elementen, den Tieren und den Pflanzen. Es ist vielleicht leichter auf dem Land, aber es ist auch in der Stadt nicht unmöglich.
Über Fotografien können Sie dem Himalaja die Ehre erweisen oder den Anden, dem Dschungel, dem Ozean, der Wüste oder den entferntesten Orten der Welt. Ein Teil der Energie der abgebildeten Orte wird durch das visuelle Abbild auf Sie übertragen. Versuchen Sie es selbst! An einem Abend, an dem Sie einfach zu müde sind, um irgendeine andere Übung aus diesem Buch zu machen, nehmen Sie einfach einen Fotoband von einer wilden, schönen oder fremdartigen Landschaft zur Hand. Blättern Sie ganz langsam in diesem Buch. Lassen Sie sich nicht ablenken, indem Sie anfangen, Ausflüge zu planen oder sich schlecht zu fühlen, weil Sie keine Zeit oder kein Geld haben, an diese Orte

zu reisen. Nehmen Sie einfach nur die Energie der Bilder auf. Vielleicht ist Ihr Buch ja auch ein Fotoalbum mit Bildern von Orten, an denen Sie selbst schon einmal gewesen sind. Durch Ihre Erinnerung rufen Sie die Energie wieder wach, die Sie dort erfahren haben, durchleben die Ereignisse noch einmal.
Die Erde und der Himmel umgeben uns, halten uns fest, umarmen und nähren uns. Manchmal haben Menschen Probleme damit, hier auf dieser Erde zu sein, in diesem Körper, mit anderen Menschen, im ständigen Kampf mit den unendlich vielen Kleinigkeiten und alltäglichen Themen des menschlichen Daseins. Die meisten Weltreligionen ermuntern uns dazu, jenseits von dieser Welt nach Erlösung zu suchen. Die folgende Meditation kann Ihnen helfen, diese Welt als eine Quelle der Energie zu erfahren. Sie ähnelt der Meditation in dem Kapitel »Liebe ist Energie«, ist aber nicht identisch mit ihr.

Meditation für ein globales Bewusstsein

*Folgen Sie Ihrem Atem ein paar Augenblicke lang. Stellen Sie sich vor, dass Sie die Erde aus großer Entfernung sehen, so als wären Sie im Weltall. Wie schön sie doch ist! Blau, Grün und Weiß, ein Wechsel von Licht und Schatten, Schattierungen, die sich ständig verändern. Auf dieser zerbrechlichen, lichtdurchlässigen Kugel spielen sich unendlich viele verschiedene Geschichten ab. Spüren Sie Ihr Selbst, das auf dieser Erde lebt, das »Ich«, das Ihre ganz persönliche Geschichte auf die Bühne bringt und spielt, und spüren Sie auch das Bewusstsein, das das Ganze aus dem Weltraum beobachtet. Sie sind beides, dieses große Bewusstsein, das die Erde, die Sterne und den Weltraum umspannt, und Sie sind Sie selbst, Ihr Körper und Ihr Geist, Ihr Blut und Ihre Gefühle.*

*Erkennen Sie diese ferne Erde, die da im Weltraum schwebt, als Ihre Lehrerin, Ihre Führerin an. Diese Kugel aus fließendem blauen, grünen und weißen Licht ist eine großartige, eine unübertroffene Meisterin. Erweisen Sie ihr die Ehre, verneigen Sie sich vor ihr. Werden Sie sich klar darüber, dass es ein Segen für Sie ist, mit ihr leben zu dürfen, für sie zu sorgen und von ihr zu lernen.*

*Stellen Sie sich nun vor, wie Sie sich der Erde immer mehr nähern. Landen Sie auf ihr. Spüren Sie den Boden unter Ihren Füßen, hier und jetzt. Schauen Sie Ihre Hände an und würdigen Sie sie mit einem Gefühl der Liebe. Strecken und dehnen Sie Ihren ganzen Körper. Fühlen Sie sich auf der Erde zu Hause.*

# Den Teufelskreis durchbrechen

Es gibt einen Teufelskreis, in den wir hineingeraten, wenn wir uns nicht gut fühlen, wenn wir müde sind und uns durch andere Menschen oder Ereignisse ausgelaugt fühlen, wenn wir körperlich nicht mehr auf die Beine kommen und in Depressionen verfallen. Wenn Sie ständig auf einem niedrigen Energieniveau leben, mit Müdigkeit, Depressionen, Ängsten oder Schmerzen zu kämpfen haben, kennen Sie diese Negativspirale nur zu gut. Ganz alltägliche Ereignisse werden dann zu großen Hürden und andere scheinen einen nicht mehr zu verstehen. Sie sind heute Gemüse einkaufen gegangen? Eine riesige Unternehmung für Sie … Es ist tatsächlich eine riesige Unternehmung! Es raubt Ihnen eine ganze Menge Ihrer wertvollen Energievorräte, überhaupt vor die Tür zu gehen, sich mit anderen Menschen auseinander zu setzen, sich im Straßenverkehr zu bewegen und hier und da immer wieder Entscheidungen treffen zu müssen. Gefühle von Machtlosigkeit, Überforderung und Angst kommen auf, machen Sie noch müder und entziehen Ihnen noch mehr Energie. Sie haben nicht einmal die Kraft, die Dinge zu tun, die Ihnen vielleicht helfen könnten. Sie versuchen es mit einer Therapie, probieren ein neues Medikament aus oder ein Nahrungsergänzungsmittel nach dem anderen und verlieren langsam die Hoffnung. Dieses Buch verspricht Ihnen keine Wunderheilung. Wenn Sie in solch einem Teufelskreis stecken, sollten Sie es auf folgende Weise nutzen:

*In der Negativspirale gefangen sein*

1. Versuchen Sie gar nicht erst, die Übungen zu machen. Lesen Sie sie einfach nur durch, Stück für Stück. Nachdem Sie ein Kapitel gelesen haben, legen Sie sich hin, schließen Sie Ihre Augen und dösen Sie einfach nur vor sich hin. Erlauben Sie den Gedanken, Gefühlen oder inneren Bildern, die durch das Lesen wachgerufen wurden, durch Ihren Geist zu ziehen. Lassen Sie in Ihrem Inneren die Möglichkeit zu, dass Sie mehr Energie haben können. Atmen Sie diesen Gedanken ein: »Es ist möglich.«

2. Die wichtigsten Übungen für Sie sind:
   - die Regenbogenreinigung
   - der Regenbogenschatz
   - »Ich bin Energie«
   - die Übungen im Kapitel »Grenzen setzen und Energie erhalten«
   - sich mit der universellen Quelle verbinden
   - den Stern der Akzeptanz und Hingabe im Herzen spüren

*Die wichtigsten Übungen für Ausgebrannte*

Machen Sie diese Übungen so oft wie nur eben möglich. Sie müssen sie nicht zu einer bestimmten Tageszeit oder auf eine bestimmte Art und Weise praktizieren. Sie müssen sie auch nicht genauso machen, wie in diesem Buch beschrieben. Denken Sie einfach nur daran, sich mit dem regenbogenfarbenen Licht zu umgeben. Sie werden sehen, dass Farbe Ihr Energiefeld nährt wie die Speisen, die Sie zu sich nehmen, Ihren Körper.

3. Falls Sie es noch nicht getan haben sollten, holen Sie sich Hilfe von außen. Dies kann ein Psychotherapeut, ein Pfarrer, ein Körpertherapeut, eine Selbsthilfegruppe, ein Ernährungsspezialist, ein Akupunkteur oder ein spiritueller Heiler sein. Es sollte jemand sein, zu dem Sie regelmäßig hingehen, möglichst einmal pro Woche. Wenn Sie von einem solchen Termin nach Hause kommen, sollten Sie sich genährt und unterstützt fühlen und wenigstens über etwas mehr Energie verfügen – wenn auch nur vorübergehend. Gehen Sie mit einem Arzt Ihres Vertrauens alle möglichen körperlichen Gründe für Ihr niedriges Energieniveau durch. Es ist sehr schwer, die Negativspirale ganz allein zu durchbrechen. Dabei Hilfe zu benötigen ist keine Schwäche.

*Hilfe annehmen*

4. Diese Hilfe kann manchmal auch aus Medikamenten bestehen. Viele Menschen nehmen Antidepressiva, Hormone oder andere Medikamente, um etwas gegen niedriges Energieniveau, Müdigkeit oder Depressionen zu unternehmen. Häufig wehren sich Menschen, die sich um Heilung bemühen und sich zu alternativen Heilmethoden hingezogen fühlen, gegen diese Hilfe oder haben Schuldgefühle, wenn sie Medikamente nehmen. Natürlich können Medikamente missbraucht und, im Übermaß genommen, zu Fluchtmitteln werden. Aber sie können auch nützliche Hilfsmittel sein, um das energetische Gleichgewicht wiederherzustellen. Heutzutage hat unser Immunsystem mit großem Stress und zahlreichen Giftstoffen zu kämpfen. Es ist gar nicht so leicht, ein biochemisches Gleich-

gewicht aufrechtzuerhalten. Wenn Sie merken, dass ein bestimmtes Medikament Ihnen hilft, Ihr körperlich-seelisches System zu stabilisieren, dann brauchen Sie keine Angst davor zu haben. Wenden Sie sich an einen Arzt Ihres Vertrauens und beachten Sie mögliche Nebenwirkungen. Sehen Sie das Medikament aber nicht als eine »Pille zum Einwerfen« an, sondern als eine Energiequelle. Machen Sie die Einnahme zu einem Ritual, in dem Sie die hilfreiche Wirkung des Medikaments anerkennen und es darum bitten, Ihnen mehr Energie für Ihr tägliches Leben zur Verfügung zu stellen. Aber verlassen Sie sich nicht nur auf Ihr Medikament, achten Sie auch besonders auf Ihre Ernährung, auf ausreichende Bewegung und geistige Aktivität.

5. Lesen Sie die Affirmation am Ende dieses Buches immer wieder aufs Neue.

# Affirmation

Diese Affirmation müssen Sie nicht selbst sprechen. Es ist eine Affirmation für Sie, die aus der Tiefe meines Herzens und meiner Erfahrung stammt:

*Ich glaube daran, dass das ganze Universum ein Meer von Energie ist. Ich glaube daran, dass jeder von uns als Individuum gleichzeitig ein Teil des Ganzen ist.*

*Den Blick nach innen richten*

Der Dichter Dylan Thomas schreibt: »Die Kraft, die durch die grüne Kapsel Blumen treibt, treibt meine grünen Jahre.« In mir, in Ihnen, in jedem Samenkorn und in jeder Blume, in jedem Augenblick, an jedem Tag und in jeder Nacht ist diese universelle Energie immer da. Ich weiß aus eigener Erfahrung, dass sich der Weg zu dieser universellen Energie im eigenen Geist befindet. Wenn ich meine Aufmerksamkeit nach innen richte, erfahre ich völlig neue Sphären des Bewusstseins und der Energie. Ich glaube, dass diese Erfahrung uns allen offen steht.

# Quellen


Evans-Wentz, Walter Y. (Hrsg.): *Das Tibetanische Totenbuch. Oder: Die Nachtod-Erfahrungen auf der Bardo-Stufe.* 16. Aufl. Düsseldorf 1994, S. 240

Talbot, Michael: *The Holographic Universe.* San Francisco 1996, S. 51

Thomas, Dylan: *Windabgeworfenes Licht.* Frankfurt am Main 1995, S. 125

Underwood, Paula, *The Great Hoop of Life, Volume One.* A Tribe of Two Press, © 2000, S. XV

# Danksagung

Die Übungen in diesem Buch stammen aus vielen spirituellen und psychotherapeutischen Quellen wie der traditionellen buddhistischen Meditation, der Hypnotherapie nach Erickson und dem Neurolinguistischen Programmieren. Sie basieren auf metaphysischen Lehren und traditionellen Methoden zum psychischen Selbstschutz, meiner eigenen Psychotherapie und meiner spirituellen Heilarbeit mit anderen Menschen. Ich habe die Jahre von 1970 bis 1985 mit dem intensiven Studium und Praktizieren der Zen-Meditation im Zen Center in Rochester verbracht. Nachdem ich das Zen Center verlassen hatte, wurde ich darüber hinaus in den Lehren der Vipassana-Meditation und der tibetischen Schule des Buddhismus unterwiesen. Ich erlangte einen Hochschulabschluss als Sozialarbeiterin und erlernte die Grundlagen der Hypnotherapie nach Erickson sowie der systemischen Familientherapie. 1995 nahm ich dann private Studien bei einem erfahrenen Lehrer in den traditionellen Methoden des psychischen Selbstschutzes und der Geistheilung auf. Seit 1994 hat mein spiritueller Pfad mich in vielen Formen zu Begegnungen mit der göttlichen Mutter geführt, und in diesem Prozess habe ich die Energie erfahren, die aus der Gnade und dem Gebet entspringt.

Seit 1986 gebe ich in den USA und in Europa Bewusstseinssitzungen für Einzelpersonen und Gruppen. Während einer Bewusstseinssitzung bin ich in Kontakt mit einer veränderten Bewusstseinsebene, die Menschen dabei helfen kann, ihre alten

Verhaltensmuster zu erkennen, zu verstehen und zu verändern. Die Übungen in diesem Buch haben sich in einem Zeitraum von über 15 Jahren aus der Arbeit mit Menschen entwickelt – es sind all jene Übungen, die sich in unzähligen Fällen als die wirksamsten herausgestellt haben.

Ich möchte den folgenden Lehrern meinen besonderen Dank aussprechen: Roshi Philip Kapleau, dem Gründer des Zen Centers in Rochester; Tu Moonwalker und Lane Saan, den spirituellen Lehrern des Universellen Seins; Eleanor Robbins, meiner Psychotherapeutin mit eigener Praxis in Santa Fe; Marya Low, Psychotherapeutin, Medium und Schamanin in Albuquerque (New Mexico); Dr. Robert Weisz vom Milton Erickson Institute in Santa Fe; Mutter Meera; meiner Mutter Leslie McCammon sowie meinem Vater Allan Thomson und den beiden größten Lehrern von allen, meinem Ehemann Robert Schrei, Künstler und Heiler, und meinem Sohn Josh Schrei, Schriftsteller und Aktivist. Außerdem möchte ich meiner Freundin und Übersetzerin Sabine Bends für ihre Initiative, Sorgfalt und liebevolle Zuwendung danken.

# Über die Autorin

Donna Leslie Thomson gibt seit vielen Jahren in den USA und in Europa Bewusstseinssitzungen für Einzelpersonen und Paare. In einer Bewusstseinssitzung ist sie in Kontakt mit einer höheren Ebene des Bewusstseins, für deren Energie sie der Kanal ist. Das höhere Bewusstsein kann Menschen dabei helfen, ihre alten Verhaltensmuster zu erkennen, zu verstehen und zu verändern. Wer sich für eine solche Sitzung interessiert, findet die Adressen von Donna Leslie Thomsons Ansprechpartnerinnen in Europa auf ihrer Website www.dubistdeinweg.de

Seit 1999 veranstaltet Donna Leslie Thomson auch regelmäßig Seminare und Meditationsworkshops in Köln. Nähere Auskunft darüber erhalten Sie bei:

Sabine Bends
Rather Schulstr. 100
51107 Köln

E-Mail über www.dubistdeinweg.de

Wer Donna Leslie Thomson in englischer Sprache schreiben möchte, kann ihr gern eine E-Mail über ihre Website schicken www.dubistdeinweg.de
oder einen Brief senden an:

Donna Leslie Thomson
HC 70 Box 444
Glorieta (Santa Fe)
87535 New Mexico
USA